행복한 전남,
빛나는 코리아

행복한 전남, 빛나는 코리아

초판 1쇄 인쇄	2019년 12월 10일
초판 1쇄 발행	2019년 12월 13일
지은이	김승남
펴낸이	서정현
디자인	김영진
펴낸곳	카이로스
출판등록	제2017-000234호
전화	02-558-8060
주소	서울 서초구 서초중앙로 56 8층 824호
e-mail	suh310@hanmail.net
ISBN	979-11-962088-8-2 (03300)

전 남 , 또 다 시 천 년 을 위 해

행복한 전남,
빛나는 코리아

김승남 지음

목차

8   프롤로그

제1부

지금 우리의 전남은?

농업의 중심 전남, 그러나 위기의 전남   18

경작 줄었는데도 과잉생산 위기인 쌀   24

직불제, 다시 생각해보자   30

육류 시장은 괜찮은가   36

해양쓰레기, 재난으로 다가오다   42

농업의 미래는 어디로 가야 하나   46

제2부

앞으로의 전남은?

제1장 달라지는 농어촌, 환경부터 구축해야

농촌 일자리 확대, 지금이 적기다   56

농어민 공익수당, 정부가 나서야   64

농산물 가격, 최저가격 보장제 확대가 답   70

지속가능한 농산어촌 융복합산업 지원체계 마련   80

제2장 4차 산업혁명과 농어촌의 미래

기후변화 대응 농업연구소를 설립하자   88

4차 산업혁명과 농어촌의 미래   94

지산지소(地産地消) 운동   106

농어촌의 안정이 먹거리의 안전   114

드론과 빅데이터가 농업을 바꾼다   120

제3장 다원적 기능중심, 관광산업이 성장동력

서남해안 관광산업, 성장동력으로 만들 때   128

전남 중남해안 관광허브 전략   132

생산중심 농정에서 다원적 기능중심으로 재편   142

제3부

빛나는 코리아를 향한 도전

제1장 김승남이 바라보는 따뜻한 세상

‘부용산’ 그리고 ‘여순민중항쟁’　　　　154

여성의 정치참여　　　　168

비정규직 김용균 씨의 죽음　　　　172

아, 윤한덕　　　　176

농어촌지역 응급환자 치료·이송 체계 시급　　　　180

제2장 빛나는 코리아를 향한 도전

양극화와 부유세 논쟁　　　　188

청년 대책, 학자금 대출 제도부터 고쳐야　　　　192

대한민국형 복지국가를 향한 도전　　　　198

미·중 무역전쟁과 변화하는 세계경제　　　　208

한·일 경제전쟁과 아베의 군국주의 부활　　　　216

한반도 평화정착과 빛나는 코리아를 향한 도전　　　　222

제4부

김승남이 걸어온 길

1987년 전남대 총학생회장에 선출   236

1987년 6월 항쟁과 광주   244

1988년 그해 내 이름은 169였다   256

구여재 불고독(狗與在 不孤獨)   264

첫 직장, 첫 출마   270

실패하는 것도, 참아내는 것도 정치   278

테크노파크(TECHNOPARK)에서 기업을 지원   284

에필로그   **290**

지금 우리의 농어촌은 늙어가는 부모님과 같습니다

저의 어머니는 허리가 많이 굽으셨습니다. 젊어서부터 농사 일, 바다 일 가리지 않고 일을 너무 많이 하신 탓입니다. 자식으로서 면목이 없습니다. 허리가 굽으시기 전에 마땅한 치료나 처방을 받도록 권하지 못했기 때문입니다. 기실 이런 아픔이 어찌 제 어머니뿐이겠습니까. 굽은 허리는 동시대를 살았던 이 땅의 모든 어머니들의 희생적인 삶의 흔적이라 할 수 있겠지요. 그래서인지 저는 어머니를 생각할 때마다 우리의 농어촌이 떠오릅니다. 1970~80년대 초반까지 우리 농어촌은 가난했지만 행복감을 느낄 수 있었던 추억의 삶터였습니다.

하지만 90년대 초반 WTO 출범과 동시에 불어닥친 세계화 바람 앞에서 우리의 농어촌은 차츰 허리가 휘기 시작했습니다. 특히 OECD에 가입하면서부터 농축수산물의 수입개방으로 인해 농어촌의 경쟁력마저 약화되기 시작했습니다. 반면 대기업을 비롯한 수출기업들에게는 기회가 주어졌습니다. 우리 기업들은 세계 각국의 낮아진 무역장벽을 넘어 세계시장을 파고들었습니다. 그 결과 반도체, 휴대폰, 자동차, 석유화학, 철강 등은 대한민국 수출의 효자종목이 됐습니다.

다시 말해 대한민국이 1인당 국민소득 3만 달러, GDP 세계 12위, 수출 6위로 선진국 반열에 올라설 수 있었던 기염 뒤에는 농어민의 눈물과 희생이 있었다는 점입니다. 마치 농어촌 부모들의 희생적인 뒷바라지 덕에 자식들이 열심히 공부해 서울의 학생들과 어깨를 나란히 경쟁할 수 있었던 것과 같은 이치입니다.

지금 우리의 농어촌은 늙어가는 부모님과도 같습니다. 젊은이들의 이농 현상이 장기간 지속되면서 세계에서 보기 드문 초고령화 사회로 진입하였습니다. 최근에는 그나마 농어촌을 보호하기 위한 장치였던 'WTO 개발도상국'

지위마저 포기한다는 정부 발표가 있었습니다. 기댈 곳마저 없어진 셈입니다.

이는 미국의 통상압력으로 인해 우리 수출산업의 타격을 피하기 위한 불가피한 조치라고는 하나, 쌀 등 주요 농산물에 대한 관세가 대폭 낮아져 농업에 크나큰 위기가 예상되는 것은 명약관화한 일입니다. 물론 우리나라가 언제까지 개발도상국 지위를 고집할 수 있는 상황은 아니지만 뚜렷한 대안 없이 농업분야에 커다란 충격을 줄 수 있는 조치에 많은 농축어민들이 실의에 빠져있습니다.

우리 농어촌을 진단하고 그 대책을 담아내고자

이 책은 고흥반도의 끝자락 어촌에서 태어난 제가 어렸을 때부터 지금까지 성장하면서 느낀 농어촌의 실상과 19대 국회의원 시절(2012년~2016년) 농림축산식품해양수산위원회 위원으로 4년간 활동하면서 경험했거나 고민해왔던 문제를 토대로 위기에 처한 우리 농어촌을 진단하고 그 대책을 담아내고자 했습니다.

1부에서는 농어촌의 현실을 제대로 파악하고자 했고 2부에서는 4차 산업혁명 시대에 농어촌의 미래가 어떻게 변화해 나갈 것인지, 서울대 식품생명공학과 이기원 교수를 모시고 지역민들과 함께 고민하는 자리에서 나온 내용을 담았습니다. 그 자리에 참석한 지역민들 모두가 함께 공감했던 강연이었습니다.

'일찍이 아시아의 황금시대에
빛나던 등불 코리아
그 등불이 다시 켜지는 날에는
너는 동방의 찬란한 빛이 되리라.'

인도의 타고르 시인이 1929년(3·1운동이 일어나고 10년 후)에 우리나라를 예찬한 시입니다. 2019년은 3·1운동 100주년이 되는 해로서, 지금은 동북아의 격변기입니다. 미국과 중국 간 무역전쟁으로 인하여 패권 싸움이 지속되고 있습니다. 일본은 우리나라의 강제징용배상판결을 트집 잡았고 일방적으로 경제보복 조치를 감행하였습니다. 일본의 경제침략은 공교롭게도 문재인 대통령과 김정은 위원장 그리고 트럼프 대통령이 극적으로 판문점 회동을 가진 후 노골화되었습니다.

저는 남과 북이 이런 격변기를 슬기롭게 잘 극복해나가는 한편 일본의 경제침략에 잘 대응해간다면 동북아의 새로운 변화 주체가 될 수 있다고 생각합니다. 북한이 비핵화와 함께 중국, 베트남처럼 개혁개방의 길로 나서고 남과 북이 평화공존과 공동번영의 시대를 열어간다면 우리가 간절히 바라는 경제적 재도약의 발판을 구축할 수 있기 때문입니다.

이 책의 3부에서는 한반도의 평화 정착과 관련된 남북한 문제, 문재인 대통령이 주창한 한반도 평화경제 문제, 일본의 경제침략 등에 관한 제 소견을 피력하였습니다. 2013년 북유럽 복지 연수를 갔을 때 접했던 스웨덴 쇠데르퇴른대 최연혁 교수의 복지와 스웨덴 모델 관련 강의내용도 시간이 좀 흘렀지만 정리해 보았습니다.

'한국에서 복지를 제대로 하려면 경제성장률이 3~4% 이상 유지되어야 하고 고용이 창출되어야 한다'는 말이 가장 뇌리에 남았던 내용이었습니다. 성장 없이는 복지도 없다는 말입니다. 만약 우리나라도 1987년 이후 90년대의 스웨덴과 같이 노사 대타협 과정을 거치고 교육, 의료 부분에서 완전한 복지체계 구축을 시작했다면 어떠했을까 하는 아쉬움이 컸습니다.

부끄럽게도 이 책의 제목에 비해 내용은 풍성하거나 완벽하지 못합니다. 모든 것을 체계적으로 담지는 못했습니다. 현안에 대해서 부분적 간헐적으로 메모한 글을 모았기 때문에 부족함도 많습니다. 그러나 도시보다 더 행복한 농어촌을 만드는 일, 분단을 넘어 평화와 통일의 길을 닦는 일은 우리 세대가 반드시 해내야 할 시대적 책무임이 분명합니다. 그 길이 멀고 험할지 모르지만 쉼 없이 굳세게 가겠다는 각오로 이 책을 시작하였습니다.

끝으로 책을 준비하는 과정에서 많은 자료를 챙겨주신 분들께 고마운 마음을 전해 올립니다. 진심으로 감사드립니다.

2019년 10월

김승남

제1부

지금
우리의
전남은?

농업의 중심 전남,
그러나 위기의 전남

우리나라 농업은 위기라고 볼 수 있다. 애써 감추고 보지 않으려 해도 어려움이 산적해 있고 일부는 심각한 상태다. 산소호흡기만 붙여둔 채 방치하고 있는 듯한 형국이다. 호들갑을 떠는 것처럼 보일 수도 있겠지만 각종 지표가 보여주는 현실을 마주한다면, 결코 과장된 표현이 아님을 알수 있다.

간단하게 정리해보자. 가장 두드러진 것은 청년층 유출과 고령화 등으로 농가인구가 반 토막 난 것이다. 지난 1998년 440만 명에 달했던 농가인구가 2018년에는 231만4천여 명으로 연평균 약 3%씩 줄어들었다. 그런데 231

만 명 중에 과연 청년은 얼마나 될까. 심지어 이 수치는 대한민국 전체 농가인구다. 전남의 농가인구는 2018년 현재 30만6천 명이며 경북 다음으로 2위를 차지한다. 특히 전남은 70세 이상 농민 비중이 37.2%(11만4천 명)로 가장 높은 고령 인구도시이다.

군이 통계를 예로 들지 않아도 농촌 현장에 가면 실감할 수 있는 게 고령화 문제다. 마을 어른들을 위해 궂은 일을 마다하지 않았던 청년회장의 나이가 장년층인 50대를 넘긴 지 오래다. 도시에서는 정년을 앞두고 있을 나이지만, 농촌에서는 한창 때다. 마을 이장들 중에는 80세가 넘으신 분들이 꽤 많다.

미래는 어떨까? 통계청 분석에 따르면 오는 2028년에는 191만2천여 명으로 총인구 대비 농가인구 비중이 3.6% 수준에 그칠 전망이다. 고령 농가인구 비율도 52.3%로 농가 고령화가 매우 심화될 것이라고 한다. 경지면적도 해마다 줄고 있다. 1998년 191만ha였던 경지면적은 2018년 160만4천ha를 기록한데 이어, 2028년에는 150만9천ha까지 줄어들 것이라고 한다. 농가인구가 감소한 것도 있지만, 농업의 경쟁력이 워낙 없다 보니 농지를 팔아버리는 경우도 많다. 더욱이 농촌마을마다 태양광 사업 광풍이 몰아치면서 전체 경지면적이 야금야금 줄어들고 있다.

원인은? 간단하다. 농가인구의 고령화와 의도적이든 아니든 농업정책 실패라고 볼 수 있다. 엎친 데 덮친 격으로 외부 사정은 더 어려워지고 있다. FTA 등 세계시장 개방에 따른 영향으로 농업 경쟁력은 더욱 위축되고 약화되고 있다. 농림축산식품부에 따르면 1998년 83.5%에 달했던 농산물 자급률은 2018년 72.5%로 10% 이상 감소했다. 2028년에는 70%대가 깨질 것으로 전망될 정도다. 먼 미래에는 우리 땅에서 난 경작물을 먹지 못하는 날이 올 수 있지 않을까 우려될 지경이다. 어쩌면 '신토불이'는 책 속에만 존재하는 단어가 될 지도 모른다.

이 중에서도 가장 심각한 FTA 문제를 들여다보자. 우리나라는 현재 총 57개국과 16건의 FTA를 체결했는데, 여기서 15건 FTA 체결국과의 농축산물 교역액은 2018년 기준 전체 교역액의 86.6%를 차지한다. 무역통계진흥원에 따르면 지난해 농축산물 수입액은 319억9,000만 달러로 전체 수입액의 90.6%였으며, 최근 10년간 연평균 6.9% 증가한 것으로 나타났다.

우리 돈으로 하면 37조 원이 넘는 엄청난 액수다. 우리나라 1년 예산이 약 500조 원인 것을 고려하면 적지 않은 돈이라는 것을 알 수 있다. 반면, 수출액은 지난해 46억 1,000만 달러에 그쳤다. 한눈에 보기에도 어마어마한 적자 폭이다. 상황이 이런데도 FTA 체결에 의한 농축산물 수입 개방화는 계속해서 확대되고 있는 실정이다.

관세가 철폐된 품목의 비중을 나타낸 관세 철폐율을 들여다보면 변화의 폭을 가늠할 수 있다. 2004년 기준 곡물 1.3%, 농산물 1.3%, 채소 0%였던 게 2019년에는 각각 44.3%, 38%, 37.6%로 눈에 띄게 늘었다. 문제는 여기서 그치지 않는다. 우리나라 농업생산액 상위권을 차지하는 품목인 돼지와 한육우, 닭 등은 2028년 이후 모든 FTA 체결국으로부터 무관세로 수입될 예정이다. 사육 농가의 시름이 깊어질 것 같다는 생각이 든다.

농업의 쇠퇴를 단지 시대의 흐름으로 치부할 순 없다. 농업의 위기는 극단적으로 식량 안보 위기까지 닿는다. 시장 개방의 현실에서 우리의 밥상을 지키려면 농업 위기에 대한 조치가 절실하다고 여겨진다. 그런데도 우리는 무엇을 해야 하는지 모르고 있는 듯하다. 농업과 수산업, 임업을 바라보면 다들 생각이 많아진다. 반도체 세계 수출 1위에는 열광하면서 우리 밥상에 올라오는 먹거리는 애써 고개를 돌리고 있는 것만 같다.

도시 사람들에게 농촌을 쳐다보라고 하는 것은 목만 아픈 이야기가 되어버렸다. 이제 전남이 전남을 지켜야 한다. 과거의 노동집약적 농업에서 저투입 고효율 농업으로 전환하고 농업에 청년농과 ICT 기반의 기술을 접목해야 한다. 예산을 투입해서라도 고령화로 가득 찬 농촌에 첨단 농업기술을 전수해야 한다. 사람이 줄어들었다면 적은 사람으로도 충분히 경쟁력을 갖출 수 있는 농촌을 만들어야 한다. 이른바 선진국들이 시도하고 있는 미래농업 말이다.

　이제 우리도 방향을 결정해야 한다. 멈출 것인지, 앞으로 갈 것인지 말이다. 앞으로 간다면 어떤 방향으로 갈 것인가? 지금부터라도 행복한 농어촌 시대를 고민해보자.

경작 줄었는데도
과잉생산 위기인 쌀

    예로부터 쌀은 국내 식량 생산량과 자급률 측면에서 중요도가 높은 식량 작물이었다. 하지만 나날이 소비량이 감소하고 있는데 생산과잉이 지속되고 있어 쌀값이 크게 하락할 것으로 보인다. 과잉물량에 의한 수급 불안에 대비해 시장 상황을 주시하면서 적절한 대책을 강구해야 할 시기이다.

    실제 2019년 쌀 생산량은 재배면적과 단수 감소로 전년 대비 2.6%(10만4,000t) 줄어든 386만8,000t으로 나타났다. 재배면적은 '논 타(他)작물재배지원사업' 등의 영향으로 전년 대비 2.3% 감소한 73만8,000ha로 조사됐다. 그런데 최근 1인당 쌀 소비감소 추세는 과거 추세와 상당한 차이를 보인다. 특히 먹거리의 다양화와 간편식을 선호하는 1인 가구 추세화, 비교적 높은 쌀값 등의 영향으로 쌀 소비량은 오히려 줄어들고 있는 악순환이 반복되고 있다.

그래서 정부는 쌀 수확기 수급과 가격안정을 위해 '논 타작물재배지원사업'을 실시했다. 논에 벼 대신 다른 소득 작물을 재배하거나 휴경할 경우 농산물 품질관리원의 점검에 따라 보상금을 지급하는 제도다. 하지만 이 사업의 참여 의향 면적은 2만6,000ha 수준에 불과한 것으로 나타나 올해에도 사업 참여가 낮을 것으로 보인다(한국농촌경제연구원 표본농가 조사 2018). 물리적으로 타작물 전환이 어렵고 타작물 소득이 쌀 소득보다 낮으며 고령화·노동력 부족 등의 이유로 참여하지 않는 것으로 조사됐다.

특히 농가들은 이 사업의 활발한 참여를 위해 정부가 고려해야 할 방안으로 '단가 인상'을 우선순위로 꼽았다. 대부분의 농가에서 타작물 재배에 적합한 기반시설·농기계 확충, 타작물 판로 확보가 우선되지 않으면 벼 재배를 이어가겠다는 의견을 내비쳤다. 수확기의 높은 쌀값과 함께 지난해 사업에 참여한 일부 농가들이 타작물 재배로 어려움을 겪었던 점이 재배 의향을 감소시켰다는 것이다. 수요가 줄어도 일단 높아지는 쌀값을 손에 쥐고 싶어 한다는 얘기다.

문제는 생산과잉 구조가 계속될 것으로 보이기 때문에 언젠가 쌀값 폭락이 농촌경제를 무너뜨리게 되리라는 암울한 전망이다. 정부는 쌀의 구조적인 공급과잉을 해소하기 위해 올해도 논 타작물재배지원사업을 실시할 테지만, 높은 쌀값 때문에 벼 재배로 돌아갈 가능성이 많아 보다 적극적인 사업 참여 확대 전략이 필요해 보인다.

여기에 기후변화도 한번 짚어서 이야기해보자. 기후변화는 전 세계적인 골칫거리다. IPCC(유엔 산하 기후변화에 대한 세계 정부 간 협의체)의 보고서에 따르면 지구온난화로 인한 지구 평균기온은 지난 133년간(1880~2012년) 섭씨 0.85도 상승했다. 지금 추세로 온실가스가 배출된다면 오는 2100년에는 평균기온 수치가 4.8도까지 더 오를 것으로 전망되고 있다. 한국에서도 이미 변화가 감지되고 있다.

한반도의 연평균 기온은 지난 30년간(1981~2010년) 1.2도 상승했다. 여름철 폭염일수는 지속적인 증가 추세고 호우일수와 강수량 또한 늘어날 것으로 보인다. 열대지방의 고온다습한 기후가 점차 자리를 잡아가고 있는 것이다.

농업은 기후의 변화에 민감하다. 작물마다 재배에 적합

한 기후가 천차만별이고, 기후변화에 따른 병충해도 변수로 작용한다. 이미 연구자들은 고온다습한 기후로의 변화로 기존 작물의 성장이 더뎌지고 이상기상 증가에 따른 자연재해 등이 농업생산성에 막대한 영향을 미칠 것으로 내다보고 있다. 기후변화는 특히 벼농사에 부정적인 영향을 미친다. 기후변화 시나리오를 통한 예측 결과를 보면, 기온이 1도만 올라도 수확량이 최대 10%가량 줄어든다(이충근 외, 2012). 단수 등 추가적인 외부요인까지 작용할 경우 2050년에는 현재 생산량의 절반 가까이 감축될 것이란 분석도 있다(김창길 외, 2012).

국제사회는 기후변화를 조금이라도 늦추기 위해 '기후변화협정(2016)' 등을 통한 신(新)기후체제 형성에 나서고 있는 실정이다. 한국 정부도 신기후체제에 대응하고자 '2030 국가온실가스감축 기본로드맵'을 설정하고 실행에 나서고 있다. 농업분야도 적용된다. 농림축산식품부에 따르면 기후변화 영향 및 취약성 평가, 재배작목별 기후변화 적응능력 강화, 농업재해보험 확대, 기반시설 정비, 수질관리, 가축사육 환경개선 및 전염병 대응 강화, 해외협력 강화 등이 포함됐다. 한반도에서 농업이 살아남기 위해 이뤄져야 할 과제들이다.

그러나 한편에서는 기후변화에 따른 위기가 '기회'로 재해석되고 있다. 화석연료 대신 지열과 목재 펠릿 등 저탄소 청정에너지를 사용하는 것이 환경친화적 영농과 맞닿아 있기 때문이다. 작목 전환도 새로운 대안이 되고 있다. 예컨대 제주도의 경우 열대·아열대 작목 전환을 통해 농가의 수입이 부쩍 늘었다. 지난 2000년만 해도 35ha에 그쳤던 열대·아열대 과수 면적이 2017년에는 71ha로 2배가량 증가했다. 망고와 용과 등 열대과일을 길러 판매하는 게 감귤 농사보다 소득률이 높기 때문으로 분석된다(제주도청 자료). 고랭지 배추 산지로 유명한 강원도에서도 변화가 일고 있다. 2001년 이후 배추 재배면적은 해마다 2.9%씩 줄었는데, 대신에 사과 재배면적이 6.9% 증가했다. 2017년 기준 강원지역 사과 재배 기준소득은 305만여 원으로 배추보다 무려 2.4배 높았다(농촌진흥청).

그러나 가만히 손 놓고 있으면 안 된다. 위기를 기회로 바꾸려면 노력이 필요하다. 변화에 대한 농가의 의지와 이를 지탱해나갈 정책이 뒷받침돼야 한다. 앞으로 100년 뒤 한반도의 모습은 분명 지금과 매우 다를 것이다. 기후변화를 늦추는 것만이 실현 가능한 대응이라면, 더 늦기 전에 변화에 적응하는 방법을 찾아봐야 한다.

직불제, 다시 생각해보자

직불제는 말도 많고 탈도 많다. 농민들의 땀과 눈물로 범벅이 된 현 직불제는 과연 제대로 돌아가고 있는 것인가? 농가지원제도로 직접 지불제(직불제)가 도입된 것은 우루과이라운드 협상 타결 및 WTO 체제 출범 등으로 인해 농업 여건이 변화했기 때문이다.

우리나라가 1990년 1월 1일부터 국제수지 방어를 위한 수입제한 허용(GATT) 대상국에서 졸업하면서 농산물 시장이 개방되자 농업 부문의 상대적 소득감소와 식량 자급률 하락 우려에 대해 많은 말들이 있었다. 이에 파급영향을 최소화하고 농가소득 손실을 보상하기 위해 도입된 것이 직불제다.

1997년 경영이양직불제를 시작으로 자리 잡게 된 직불제는 오늘날 농가 지원제도의 핵심 정책 수단 중 하나로 꼽힌다. 특히 직불제는 실경작자로 자격을 제한하다 보니 경작지를 소유하지 못한 소작농들에게 큰 도움이 되고 있다. 그나마 농촌마을을 유지해나갈 수 있도록 이바지하고 있는 정책 중 하나인 것이다.

한국농촌경제연구원에 따르면 2005년 양정개혁으로 현행 제도와 유사한 쌀 소득보전직불제(쌀 직불제)가 도입되면서 농가 수취액은 목표가격 대비 평균 99.4% 수준에 이르렀다. 쌀 가격이 하락할수록 직불금 중 변동직불금 지원 규모가 늘어나는 구조 덕분에 농가의 소득보전과 경영안정에 크게 이바지했다는 것이다.

쌀이 주식인 우리나라의 경우 농업의 절멸은 심각한 식량 안보 문제와 직접 연결된다. 필리핀은 한때 동남아의 최대 쌀 생산국이었으나 지금은 쌀 수입이 많은 나라로 바뀌었다. 만약 재해 등의 이유로 쌀값이 폭등한다면 필리핀 사회는 식량문제로 큰 혼란 속에 빠져들 것이다. 이런 우려들은 농민들이 농사를 지을 수 있도록 지원하는 정책의 당위성이다. 직불제는 그런 면에서 그동안 톡톡한 역할을 해왔다고 볼 수 있다.

그러나 도입 20여 년이 지나면서 직불제에 대한 부정적인 목소리도 나오고 있다. 일단 예산의 80%가 쌀에 집중되는 등 쌀 지원 위주이다 보니 품목 간 형평성이 부족하다는 지적이 있다. 또 경지면적에 비례해 지원이 이뤄져 대농일수록 많은 지원을 받는 '빈익빈 부익부' 현상이 나타나고 있다. 나아가 일부 지역에서는 직불제를 악용하는 모습도 보인다. 앞서 언급했듯 실경작자에게만 주어지는 직불금을 '지주'가 가로채는 식이다. 서류 위주의 탁상행정의 한계라고나 할까.

정책은 좋았지만 이를 관리·감독하는 면에서 허술한 점이 존재하는 것이다(사실 이 부분은 대한민국 곳곳이 엇비슷하다). 구두계약으로 거의 모든 게 이뤄지는 농촌마을의 현실에서 직불금 횡령은 드러나지 않는 병폐가 되어버렸다. 더욱이 애초 시장실패에 대한 공익적 역할의 필요로 도입됐지만, 쌀 공급과잉 현상을 초래하는 부작용을 낳는 지경에 이르다 보니 직불제 개편 논의는 이미 활발히 진행 중이다.

그렇다면 직불제는 어떤 방향으로 바뀌어야 할까. 이 문제를 이야기하려면 농정여건을 먼저 살펴야 한다. 변화된 지금 시대의 농정여건은 새로운 직불제를 고려해야 할 방향들을 보여준다. 전면 개방시대의 불확실성, 이에 따른 식량 안보 문제는 두말하면 잔소리다. 과거보다 질적 측면에서 높아진 소비자의 요구는 과다 투입하는 관행농법과 차별성을 보이는 친환경농업 농가에 지원이 더 따라야 함을 근거한다.

나아가 농가의 소득 격차 완화, 새 인력의 경영안정 기여 등 농업의 지속가능성을 확대하는 차원의 지원방향도 필요하다. 직불제의 단점을 보완할 정책 변화와 함께, 무엇보다 선행돼야 할 것은 예산 확대라고 볼 수 있다. 직불제 도입 이후 예산 규모와 비중은 늘었지만, 주요 국가와 비교했을 때 농가당 지원은 아직도 낮은 단계에 머무르고 있다. 직불제가 농가에 도움을 주고는 있지만, 이미 취약해지고 있는 농촌 상황에 겨우 숨통을 틔워주는 정도다.

농업의 지속가능성을 위해 직불제 확대는 필수 불가결한 선택이다. 그렇다면 가장 시급한 과제는 사회적 합의를 끌어낼 합리적 근거를 마련하는 것이 될 것이다. 농촌을 살리고 싶다면, 정부는 돈을 써야 한다고 생각한다. 선진국이 1차 산업에 투자하는 금액만큼은 아니더라도, 지금보다는 더 늘어나야 할 것이다.

1차 산업에 도전해서 돈을 벌 수 있어야 사람들이 몰려올 텐데, 배급하듯 나눠주는 적은 양은 아무리 생각해 봐도 매력적이지 못하다. 그런데도 직불제에 대해 우리는 얼마나 큰소리를 내고 있는지 모른다. 현장의 농민들을 제외한 다른 이들은 무엇을 하고 있는지 돌아볼 일이다.

나가서 그들 앞에 서서 검게 그은 얼굴과 주름 사이에 가득한 슬픔, 분노를 마주해보라. 그들을 보고 '누가 농사 지으라고 했냐?'라고 되묻는 이가 있다면 그의 밥상 위에 올라가 있는 음식들이 마트에서 생산되는 것이 아니라, 우리 땅에서 나온 것임을 먼저 알려주면 어떨까. 그들이 없다면, 당신들도 없다.

다시 말해 그들이 있어야 우리도 있다. 정부와 전남의 정치인, 관계 기관장들이 이것을 기억해줬으면 하는 바람이다.

육류 시장은 괜찮은가

    닭고기와 달걀은 누구에게나 만능 먹거리다. 조리법이 다양하고 영양도 풍부한데 맛있기까지 하다. 심지어 가격마저 저렴하다 보니 우리나라에서 가장 사랑받는 식재료다. 닭고기의 대표 격이라 할 수 있는 국민 간식 '치킨'은 각종 드라마에 등장하며 한류의 새바람을 일으키기도 했다.

    중국 등 해외에 이른바 '치맥(치킨과 맥주)' 문화를 전파하는데 한몫한 것이다. 닭고기와 달걀 소비는 해마다 조금씩 늘어나고 있다. 실제 지난해 농업관측본부가 소비자들을 대상으로 설문해보니 앞선 2017년보다 닭고기 소비를 늘렸다는 응답이 많았다. 2018년 가구당 평균 닭고기

구매량이 전년도보다 4.6% 증가했다는 조사결과도 있다 (Kantar World panel Korea). 하지만 사람들이 많이 찾는 만큼이나 문제가 발생했을 때 파급력도 컸다. 그때마다 정부는 제도의 변화를 통해 위험을 줄여가는 노력을 해왔다.

고병원성 조류인플루엔자 발생, 살충제 달걀 파동 등으로 닭과 오리 등 가금산물의 안전성에 관한 관심이 높아지게 되었다. 그로 인해 2020년 도입 예정이었던 '가금 및 가금산물 이력제'가 2019년에 조기 도입됐다. 이는 농장식별 번호 등을 통해 생산·유통 단계를 추적할 수 있는 제도다. 지난 2017년 8월에 터진 살충제 달걀 파동은 '축산물의 표시기준' 개정의 실마리가 됐다. 전에는 달걀 껍데기에 시도별 부호와 농장 명만 표기하였는데 이제는 산란일자까지 표기해야 한다. 식용란선별포장업 유통 의무화는 그동안 자율에 맡겨져 2차 감염에 노출되어 있던 달걀 유통 과정에 안전성을 더했다.

그런데 이 같은 변화는 조금씩 닭고기와 달걀의 수급 및 가격에 변동을 일으키고 있다. 달걀 가격은 지난 2017년 살충제 파동 이후 생산량 증가와 소비 위축으로 내림세를 보였다(농협중앙회). 이듬해에도 생산량이 많아 약세가 지속됐다. 이른바 '산란일자 표시제'가 새로 도입되면서 가격 하락은 보다 심해질 것으로 보인다. 전문가들은 산란 일자 표시제가 산란 후 시간이 많이 경과한 달걀을 재고로 인식하게 만들어 평가 절하되어 판매될 것으로 내다보고 있다.

닭고기의 경우 소비패턴의 변화가 두드러진다. 소비자가 구매한 닭고기 부위별 비중을 보면 2018년 기준으로 닭 한 마리(38.8%), 닭가슴살(14.2%), 닭다리(12.2%) 등의 순으로 조사됐는데, 전년도와 비교하면 닭 한 마리 비중이 소폭 감소했다(Kantar World panel Korea). 부분육에 대한 수요가 늘어나고 있는 것이다. 닭고기에 대한 수요가 계속해서 증가하다 보니 육계 사육만큼이나 수입 비중도 늘고 있다. 농림축산식품부에 따르면 지난 2013년 11.5kg 이었던 닭고기 1인당 소비량은 2018년의 경우 14.1kg으로 22%가량 증가했다. 수입량은 등락이 있지만 2013년 12만 6,000여t 수준이었던 게 2018년에는 16만2,000여t으로 늘었다.

또 다른 대량 소비 식재료인 수입육은 어떨까? 2018년 국내 육류시장의 화두는 수입육류량의 급증이었다. 당시 전 세계는 다들 가축 질병에 예민하게 대처하고 있는 상황이었다. 아프리카와 유럽에서만 발생하던 아프리카돼지열병(Africa Swine Fever, 이하 ASF)이 2018년 8월 중국에서 발생했다. ASF는 유럽 13개 국가에서 주로 발생하며, 이 중 국내에 돼지고기를 수출하는 헝가리와 벨기에가 포함되어 있다. 정부에서는 전체 수입량의 4% 수준인 해당 국가의 돼지고기 수입을 전면 금지했다. ASF는 가축전염병 예방법이 지정하는 제1종 가축전염병으로 수입위생조건에 따라 발생 국가로부터 돼지고기 수입을 금지할 수 있다.

우리나라와 지리적으로 접경지인 중국에서의 ASF 발병은 국내 돈육업계와 시장에도 영향을 미쳤다. 중국 ASF 발병은 아시아 지역에서 첫 번째 발생한 것으로 국내 양돈업계와 정부에서는 방역 관리에 힘썼다. 실제로 2018년 11월 북한과 접경지역인 지린성 바이산시에서 야생 멧돼지가 ASF에 감염되어 결국 폐사했다. 그래서 국내에서는 야생동물에 의한 전파 가능성도 염두에 두고 방역을 더욱 강화하고 있다.

이런 상황에서 국내는 소비패턴의 변화로 수입량 소비가 되레 늘어났다. 쇠고기 41만6,000t, 돼지고기 46만4,000t이 수입되면서 모두 역대 최고치를 기록했다. 쇠고기 수입량 증가는 한우 가격 강세뿐 아니라 대형 유통업체의 수입고기 매장 확대, 전문 취급 프랜차이즈 증가, 가정

간편식과 식자재 등 가공 시장의 확대가 주원인인 것으로 파악됐다. 돼지고기 수입량은 국내생산량 증가에도 불구하고 국제가격 하락과 햄, 캔 등 가공품 판매가 늘어 수입이 증가한 것으로 나타났다.

결국 어떻게 됐나. 2019년 국내에서 ASF가 발생했다. 양돈사업은 당연히 치명타를 입었다. 앞서 지난 2010~2011년 구제역 당시 사육 마릿수의 33%인 332만 마리 돼지가 매몰 처분됐다. 당시 구제역에 의한 재정소요는 2조7,000억 원에 달했다. 2014~2015년 고병원성 조류인플루엔자 역시 3,000억 원의 재정이 소요됐다는 농림축산식품부의 자료가 있다. 그리고 2019년은 피해액이 어느 정도인지 집계조차 못 하고 있다.

당연한 말이지만 주요 가축 질병 발생에 따른 매몰 처분은 공급 감소와 가격 상승의 요인으로 작용한다. 축산물 안전성에 대한 소비자들의 불안감으로 소비가 심하게 감소할 경우 관련 산업이 위축될 수 있고 더러 축소될 수도 있다. 그만큼 육고기와 관련한 각종 질병 차단 방역과 발생지역 여행 금지 및 축산물 불법 반입 금지 강화 등이 반드시 이뤄져야 한다. 당국의 방역 관리가 더 촘촘해져야 한다는 얘기다.

해양쓰레기,
재난으로 다가오다

　해양쓰레기 문제는 어민들의 생존권뿐만 아니라 국민 전체에도 그 영향이 심각한 상황으로 번질 수 있어 바다 환경 회복을 위한 특단의 대책을 마련해야 한다. 내가 어렸을 때만 해도 고흥 풍남 바닷가에서 바지락을 캐거나 노래미 등 바닷고기를 대나무 첨대로 잡는 것은 그리 어려운 일이 아니었다. 지금은 연안 바다에서 고기 잡기가 쉽지 않다고 한다. 생활하수, 농약, 축산분뇨, 산업폐수, 기름유출 등 사람들의 의식 없는 생활습관이 해양오염의 가장 큰 원인이다.

　얼마 전 인도네시아 카포타 섬 해변에서 죽은 채 발견된

9.5m 길이 향유고래 뱃속에서 비닐봉지, 컵 등 5.9kg의 플라스틱 쓰레기가 쏟아져 나왔다는 기사를 봤다. 세계적으로 연간 1,300만t의 플라스틱 쓰레기가 바다에 버려져 바닷새 100만 마리와 해양 동물 10만 마리를 죽음으로 내몬다는 것이다. 그뿐 아니다. 플라스틱은 썩지 않고 파도에 휩쓸리면서 잘게 부서진 미세플라스틱 형태로 각종 해산물을 통해 인체에 들어와 인간의 생명을 위협하는 독소가 되고 있다.

해양쓰레기는 육상에서 내려오거나 유입되는 육상기인 쓰레기, 해상활동에서 발생하는 해상기인 쓰레기, 외국에서 해류나 계절풍을 타고 밀려오는 해외 쓰레기가 있다. 전남도에 따르면 도내 바다에 유입되는 쓰레기는 연평균 2만6,713t이라고 추정한다. 해상기인 유입량이 1만3,694t으로 절반이 넘는다. 외국에서 유입되는 쓰레기는 1만2,540t으로 약 47%를 차지한다.

그러나 총 유입량 중 약 4,500t 정도가 예산 부족으로 처리를 못하고 있다고 한다. 지금까지 처리하지 못한 폐기물이 쌓여서 우리 바다에 약 8만7,500t이며, 그중에서 바다에 가라앉은 침적 쓰레기가 6만5,800t, 해안가 쓰레기 2만1,400t, 부유 쓰레기 300t에 이른다고 한다.

우선 지역별 쓰레기 발생량을 제대로 파악하여 실정에 맞게 예산을 세워야 한다. 태풍이나 재해 때만 국비지원을 하지만 평시에는 보조예산으로만 처리하는데 한계가 있다. 전남 남해안에 대형해양쓰레기 처리를 위한 공장이 만들어져야 한다는 게 현장의 목소리다. 중요한 것은 사람들의 정책과 인식의 변화가 필요하다는 것이다.

만약 해양쓰레기를 치우는데 많은 예산을 들여야 한다면, 어촌과 어민을 위해 지원되어야 할 수산업발전자금이 헛되이 소비되는 것이다. 쓰레기 처리를 위한 예산은 낭비일 뿐이다. 우리 스스로 쓰레기 치우기에 앞서 쓰레기 줄이기에 동참해야 하는 이유다. 필연적으로 수산업종은 버리지 않고, 안 쓸 수는 없다. 다만, 쓰레기가 발생할 가능성이 높은 재료를 적게 사용하도록 적극적으로 참여해야 한다.

또한 해양폐기물에 대한 재활용 시스템이 연구되고 보급되어야 한다. 일본은 폐스티로폼, 폐부표 등을 연료로 하는 증기보일러, 온수보일러를 개발하였고 온천 및 가공시설에 활용하여 농가소득에 보탬이 되고 있다. 미국, 노르웨이 등 전 세계적으로 해양폐기물에 대한 재활용 시스템을 개발하여 재활용하는 데 적극적으로 대처하고 있다. 이제라도 정부와 지자체에서 폐자원을 재활용할 수 있도록 나서야 한다. 해양폐기물을 재활용할 수 있도록 의무화하는 방안도 모색해야 한다.

해양쓰레기 문제는 우리만의 문제가 아닌 전 지구촌의 문제가 되고 있다. 태평양에 한반도의 7배가 되는 쓰레기섬이 생겼다고 한다. 바다는 생명의 보고(寶庫)다. 깨끗한 바다를 잘 유지하고 후세대에 물려주는 일은 현 세대의 양심이며 의무다. 흔히 바다를 어머니에 많이 비유한다. 불과 5년 전, 10년 전과 현재 바다를 비교했을 때 빠르게 병들어가고 있음을 볼 수 있다. 어머니 같은 바다를 살리는 데 더 늦지 않아야 한다.

농업의 미래는
어디로 가야 하나

　눈부신 기술의 발전은 농업의 모습도 바꿔놓았다. 소 대신에 트랙터가 밭을 갈고, 농약을 뿌리는 것도 드론이 대신하는 시대다. 수십 년 전만 해도 상상하기 힘들었던 모습이 이제는 당연한 것처럼 자리 잡고 있다. 자본주의 경제와 시장의 개방으로 농업 또한 더 효율적이고 저렴하며 질 높은 제품생산을 요구받고 있다. 농업이 제자리를 지킬 수 있게 거드는 것이 오늘날의 첨단기술이라고 할 수 있다.

　세계 각국은 미래 농업에 대한 청사진을 그리며 투자와 개발을 쉬지 않고 있다. 오히려 한때 농업 국가였던 우리는 변화의 속도가 더딘 축에 속한다. 이미 2014년부터 미국을 중심으로 한 푸드테크 분야 스타트업에는 아마존, IBM 등 글로벌 기업들의 막대한 투자가 이뤄지고 있다. 이들은 농산물 유통과 식품위생관리 분야에 IT와 블록체인, 드론, 로봇 기술 등을 접목해 눈길을 끌고 있다.

근래 들어 푸드테크에 대한 관심이 높아지면서 주요 산업의 방향성도 정립되어가는 분위기다. 통상 전문가들은 푸드테크의 핵심 요인으로 '지속가능성, 수요·공급 긴밀성, 기호 다양성, 사회윤리, 투명성, 인공지능 맞춤형'을 들고 있다(한국농촌경제연구원). 각 요인의 조합을 통해 나타나는 미래 먹거리의 청사진은 다시 '스마트 가드닝과 지속 가능한 대체 소재, 맞춤형 서비스' 등으로 구체화된다. 기존 농업에 혁신 기술을 적용한 스마트 가드닝은 선진국을 중심으로 빠르게 상용화되고 있다.[1]

IT 기기와 드론, 센서기술 등을 통해 농업은 보다 더 정교하고 예측 가능한 범위 내에서 계획적인 생산을 이룰 수 있게 됐다. 기술의 발전은 지속가능한 대체 소재의 가능성도 열고 있다. 기후·환경변화가 국제적인 문제로 떠오르면

---

[1] 소비자가 직접 또는 상업용으로 손쉽게 채소를 길러 바로 수확할 수 있는 재배 화분 등, ICT 기술을 접목한 다양한 제품들이 출시되고 있다.

서 미국 등지의 스타트업은 미래 먹거리를 위한 사업을 발 빠르게 전개해나가고 있는 것이다.

이미 상용화된 대체 소재는 민간에도 잘 알려져 있다. 육고기의 식감을 그대로 만들어낸 콩고기, 밀웜 등 곤충 단백질이 그것이다. 최근에는 '배양육'에 대한 의견들이 많이 나오고 있다. 육류 소비가 급증하면서 가축을 사육할 때 발생하는 엄청난 양의 메탄가스가 기후변화의 요인 중 하나로 알려진 까닭이다. 배양육은 말 그대로 소나 돼지, 닭 등의 가축에서 추출한 줄기세포를 이용해 고기를 만드는 것이다. 온실가스 배출량을 줄이는 것은 물론 기존 축산업보다 압도적으로 자원이 적게 들어 미래 먹거리 산업으로 주목받고 있지만, 국내에서는 관심이 낮은 편이다. 개개인의 신상 정보를 기반으로 한 농식품의 맞춤형 서비스도 머지않아 구현될 것으로 보인다.

이제 푸드테크의 발전은 시대의 흐름이다. 민·관·학 협력을 통해 선진국들을 따라잡아야 한다. 기업은 투자에 나서고, 대학은 연구를 통해 기술을 융합하고 상용화하는 데 집중해야 한다. 무엇보다 관(정부)의 역할이 막중하다. 더욱 효과적인 연구와 기술개발이 이뤄질 수 있도록 소비자들의 식품선택과 섭취 습관, 인지나 태도 등 식생활에 관한 다양한 데이터를 축적하고 산업계에 제공해야 한다. R&D 투자 등을 통해 기업과 대학 등이 적극적으로 뛰어들 수 있도록 환경을 만들고, 이들을 연결해주는 역할까지 해내야 할 것이다.

현재 대한민국 농업의 침체를 부인할 사람은 없을 것이다. 한국의 농업은 오늘날 생산성 정체의 악순환을 겪는 가운데 사회적 수요의 변화에는 대응이 부진했다. 여기에는 중앙정부 중심의 정책들에 따라 그대로 움직이는 분위기도 한몫했다. 정책이라는 것은 파급력이 크기에 아침에 바꾸고 저녁에 고칠 수가 없는 노릇이다. 농업의 발전이 더딘 이유 중 하나다. 그나마 최근 들어 이른바 '농업혁신 시스템'의 전환에 대한 목소리가 나오고 있다는 것은 고무적이라 하겠다. 농업정책의 판을 새로 짜야 한다는 얘기다.

사실 정부차원의 농업 연구개발 투자는 십여 년 전부터 계속 증가하고 있다. 지난 2003년 5,496억 원 수준이었는데 2016년에는 1조4,883억까지 치솟았다. 천문학적인 비용이 투입됐지만, 평가는 두 가지로 나뉜다. 농업관련 논문과 특허 수 증가 같은 양적 성과는 이뤘지만, 농업의 경쟁력 향상이나 현장 문제 등 질적 성과는 아직 갈 길이 멀다는 식이다. 저해 요인으로는 공공연구기관 중심, 민간 참여와 투자 부족, 연구기관과 농산업 현장의 불일치 등이 지적되고 있다.

농업혁신에 대한 필요성은 모두 공감하지만, 농업관련 기업을 비롯한 민간 주체 등 다양한 단체의 참여를 끌어내는 데는 실패한 것으로 보인다. 당연히 약점을 보완했을 때 제대로 된 혁신도 이뤄질 수 있을 것이다. 정부는 이미 농업혁신을 위한 새로운 시도에 나섰다. 민·관 협력을 통한 농업혁신 시스템의 핵심 사례로 추진 중인 '스마트팜 혁신밸리'가 그것이다. 오는 2022년까지 전국 거점에 혁신밸리 4개소를 조성하고 교육을 통한 육성, 스마트팜을 통한 농촌 창업, 인력 유입 촉진을 통한 청년 주도 혁신체계를 구축한다는 것이다.

또한 농식품부는 첨단 농기계를 이용한 노지형 스마트팜 생산 시스템을 도입하려고 준비 중이다. 농기계의 무인화 또는 자동화를 통해 인력난을 극복하고, ICT 융복합 기술이 농업에 녹아들도록 하여 농업의 지속가능성을 제공한다는 것이다.

그러나 이 또한 자칫 정부주도의 사업에 그칠 수 있다. 지역마다, 농가마다 제각각인 농업의 특성을 살리려면 먼저 지역 차원의 혁신역량과 자율성을 높여야 한다. 중앙

부처가 전국 보급을 목적으로 한 기술개발에 힘을 쏟는다면, 지자체는 지역 특화사업 접목기술에 집중하는 식의 역할 분담이 필요하다. 이를 위해서는 지자체의 기술혁신사업과 민간 네트워크 형성에 투입할 수 있는 예산과 자율성이 확대돼야 할 것이다.

제2부

앞으로의
전남은?

제1장
달라지는 농어촌,
환경부터 구축해야

농촌 일자리 확대,
지금이 적기다

    지금은 21세기다. 모든 것이 다 정신없이 변하고 있다. 농촌 역시 변화의 바람에 무풍지대일 수 없다. 1970년대 중반 이후 지속적으로 감소하던 농림어업 취업자 수가 지난 2017년 이후 증가세로 돌아섰다. 통계청의 경제활동인구조사에 따르면 2018년 농림어업 취업자 수는 134만 명으로 전년보다 6만2천 명이 늘어난 것으로 집계됐다. 더욱이 이는 특정지역에 한정된 게 아닌 것으로 나타났다. 무척 반가운 일이다. 2017년 상반기부터 강원도, 충청북도, 전라북도, 경상북도가 증가하기 시작했고, 2017년 하반기에는 충청남도가, 2018년 상반기에는 경상남도와 제주도의 취업자가 증가하는 등 전국적인 현상이다.

그런데 도대체 어떻게 된 일일까? 한국농촌경제연구원은 '제2의 귀농붐' 때문이라고 한다. 2008년 말, 미국발 금융위기와 베이비붐 세대의 대량 은퇴가 맞물리면서 정부가 내세운 귀농·귀촌 지원정책이 근래 들어 자리잡기 시작했다는 것이다. 유년기를 농촌에서 보낸 대다수 베이비붐 세대에게 향수가 남아있다는 이야기다. 그들의 은퇴가 어쩌면 농촌에는 또 다른 기회가 될 수도 있을 것 같다.

그런데 이는 일시적인 현상일 수도 있다. 만일 최근 통계에서 집계된 귀농인이 베이비붐 세대뿐이라면 결국 농촌의 추락은 잠깐 시간을 번 것에 불과하기 때문이다. 다행스러운 점은 젊은 세대 또한 농촌에 관심을 두기 시작했다는 거다. 이는 도시고용의 악화, 일과 삶의 균형을 지향하는 흐름 등도 영향을 준 듯하다. 농촌이 하나의 대안으로 떠오르고 있는 셈이다.

어찌 된 까닭인지 정확히 알 수는 없지만 고무적인 일이다. 베이비붐 세대의 향수든, 젊은 세대의 대안적 삶이든 농촌에서의 삶은 의외로 득이 크다. 실제 농업·농촌분야 일자리는 타 산업분야보다 부의 외부 유출이 작다. 그래서 부가가치가 참여자와 지역에 돌아가는 지역순환형 일자리로 평가된다. 때마침 농림어업 취업자 수가 증가세를 타고 있는 지금, 영향을 줄 수 있는 농업정책이 뒷받침돼야 한다.

청년 창업농의 영농정착 지원사업을 확대하고, 정주 인프라 지원, 교육 훈련·복지 지원 등을 통해 농촌·농업 일자리의 질을 높여야 한다. 20대에서 60대까지 귀농·귀촌자의 세대별 특징을 파악해 맞춤형 정책 패키지를 제공하는 방법도 찾아야 한다. 후계자가 없는 농업인을 새로운 귀농 청년과 연결해 농업경영 승계를 이루는 등 가진 자원을 적극적으로 활용해 효율성을 높일 수도 있다.

말하자면 귀농, 귀촌은 우리의 숨통을 틔워줄 하나의 방법이라고 볼 수 있다. 귀농·귀촌은 이미 농촌공동체의 새로운 미래로 떠오르고 있다. 전남지역에서는 영광군에 터를 잡은 '여민동락공동체'가 대표적이다. 시작은 지난 2007년으로 거슬러 올라간다. 자립을 기반으로 한 지역복지 공동체를 꾸리겠다는 마음을 먹은 세 부부가 귀촌했다.

이들은 노인 비율이 40%에 달하는 영광군 묘량면에 노인복지센터를 열고 재가노인복지서비스와 주간보호센터 운영에 나섰다. 조금 다른 점은 자립생활이 가능한 노인들을 대상으로 일감을 준 것이다. 말하자면 '협업농장'을 꾸려 모싯잎 송편을 만들어 팔기 시작했다. 송편이 불티나게

팔리기 시작하면서 2011년에는 아예 생산품을 직접 내다 파는 소매점 '동락점빵'을 열었다. 이 또한 현재 마을주민들이 참여하는 사회적 협동조합으로 운영하고 있는 중이다.

실험은 여기서 그치지 않았다. 마을학교를 운영하며 주민들에게 한글교실, 미술교실 등 프로그램을 제공했다. 전교생이 12명에 그쳐 폐교 위기에 처했던 학교도 되살렸다. 학부모와 지역민들이 직접 다양한 방과 후 프로그램을 운영해 결실을 거뒀다. 젊은 가구가 마을로 유입되기 시작했고 자연히 아이들도 늘었다. 현재까지 여민동락을 통해 합류한 귀농·귀촌인은 36명이다. 자녀들까지 더하면 60명이 넘는다. 학교 살리기를 계기로 귀촌한 사람도 30명 가까이 된다. 영광의 한 작은 마을에서 일어난 변화가 주민들의 자율적인 노력과 의지에서 비롯됐다는 점은 시사하는 바가 크다.

여민동락공동체의 사례는 도시민들이 지닌 '삶의 질'에 대한 욕구, 그리고 그 무대가 되어줄 수 있는 농촌이 있기에 가능했다. 도시라면 솔직히 이렇게까지 성장하기 힘들었을 수도 있다. 당연하게도 귀농·귀촌이 농촌공동체에 단비 같은 존재가 되고 있는 것은 분명한 사실이다. 아울러 농촌은 각박한 도시의 삶에 지친 현대인들에게 숨통을 틔워주는 공간이다.

2017년 기준 경제협력개발기구(OECD) 삶의 질 지수에서 한국은 38개 회원국 중 29위를 기록했다. 한국인의 삶의 질이 형편없음은 수년째 OECD 국가 중 1~2위를 다투는 자살률로 알 수 있다. 이런 가운데 최근 귀농·귀촌이 유행처럼 번지고 있는 것은 결코 우연이 아니다. '웰빙'에서 나아가 '워라밸(Work and Life Balance, 일과 삶의 균형)'을 말하는 지금 농촌은 도시적인 삶에서의 해방구로 인식되고 있는 것이다.

실제로 귀농어·귀촌인은 지난 2013년 42만 명에서 2017년 52만 명 수준으로 해마다 늘어나고 있다. 이 중 절반가량이 30대 이하로 나타난 점도 눈여겨볼 대목이다. 이제 귀농·귀촌은 50~60대 은퇴자의 전유물이 아니라 도시민 전 계층이 대상이라는 얘기다. 귀농·귀촌을 희망하는 사람들의 마음속 생각은 무엇일까. 한 조사에 의하면 응답자들은 자연 속에서 건강한 생활을 하는 것(53.4%), 시간에 얽매이지 않는 자유로운 생활 동경(22.3%) 등의 이유를 들었다(한국농촌경제연구원). 한마디로 행복한 삶을 추구하려는 것이다.

중요한 것은 농촌사회가 귀농·귀촌하는 도시민들을 붙

잡아 둘 수 있어야 한다는 점이다. 오는 이들이 다시 떠나지 않도록 하는 것이 중요하다. 그것이 바로 농촌정책이며, 지자체가 할 일이다. 예를 들어 잘 되는 곳부터 명맥이 끊기지 않게 해야 한다. 여민동락공동체처럼 귀농·귀촌의 성공모델로 꼽히는 활동은 적극적인 지원을 통해 확대하도록 하고, 이 밖에도 잘 알려지지 않은 민간 주체들을 지속적으로 발굴해 성장시켜야 한다.

또 귀농·귀촌이라 해서 영농에만 초점을 맞출 게 아니다. 기존의 귀농지원 중심 정책에서 대상과 내용을 다변화하는 변화가 필요하다. 도시민들의 성공적인 정착을 이끌기 위해서는 정주 여건을 마련해야 한다. 주거와 일자리, 교육, 복지, 질 높은 의료서비스 등이다. 효과를 보일 기미가 보인다면 중앙정부와의 협업도 이끌어내야 한다. 시범사업 도입 등을 통해 지원과 제도적 기반을 닦을 수 있다.

전남은 여느 지자체보다 높은 경쟁력을 갖추고 있다. 드넓은 경작지와 평화로운 농촌공동체, 고장마다 특색 있는 전통의 가치가 남아있다. 산업화의 여파로 쇠퇴해버린 농촌을 되살릴 길도 귀농·귀촌에 있다고 본다. 도시민들의 유입을 통해 고령화와 인구절벽 문제를 해결할 수 있다는 얘기다. 어렵사리 찾아온 기회를 놓치지 말아야 할 것이다.

전남은 여느 지자체보다 높은 경쟁력을 갖추고 있다. 드넓은 경작지와 평화로운 농촌공동체, 고장마다 특색 있는 전통의 가치가 남아있다. 산업화의 여파로 쇠퇴해버린 농촌을 되살릴 길도 귀농·귀촌에 있다.

농어민 공익수당,
정부가 나서야

    2019년 4월 30일 오후 강진아트홀에서는 '전남형 농어민 공익수당(가칭)' 도입을 위한 공청회가 열렸다. 전라남도는 2020년부터 24만 7천 호에 농업, 어업 경영체에 등록한 농어가 단위로 연 100만 원을 지역상품권 형태로 지급한다는 계획을 수립하고, 시행착오를 최소화하고 촘촘한 설계를 위해 권역별 공청회를 진행했다. 예산은 2,470억 원의 도비와 시군비가 투입될 예정이며 전남도와 지자체가 50:50으로 분담하는 계획을 갖고 있다.

    전남도는 농어민 공익수당 도입의 필요성으로 각종 FTA 체결로 인해 농축산물의 수입개방 피해가 확대되고, 농어촌도 양극화가 심화되어가는 실정에서 더 이상 미룰 수 없는 상황이라고 판단하고 있다. 실제로 2018년 농축산물 총 수입액은 319.9억 달러, 수출액은 46.1억 달러 규모로 갈수록 무역수지 적자 폭이 증가하고 있다.

반면 2028년 농가인구는 191만 명, 65세 이상 농가인구는 52.3%, 총인구 중 농가인구 비율은 3.6%로 감소할 것으로 전망하고 있다. 또한 도시근로자 가구 소득 대비 농가소득은 63.7%에서 좁혀지지 않고 있는 실정이다. 이러한 상황에서 우리나라의 장래 식량 수급과 관련하여 농업 농촌을 위한 공익적 가치는 갈수록 중요하다는 국민여론이 형성되고 있는 것이 사실이다. 전남도는 이러한 것이 농어민의 공익수당제를 도입해야 할 필요성이라고 설명한다. 농민회를 포함한 지역 농민단체들도 농어민 공익수당에 대해서 절박하다는 입장이다.

90년대 초부터 시작된 개방농정으로 인해 우리 농가의 대다수를 차지하고 있는 중소농과 가정농이 붕괴되고 있는 실정이며, 노지 채소작물들의 경우 투기 작물화되고 있다. 그래서 농업 농촌의 가치와 마을공동체를 유지해나가기 위해서는 반드시 도입을 추진해야 한다는 입장이다. 더군다나 문재인 정부가 표방한 '사람 중심의 농업정책'은 그동안 대농이 더 큰 혜택을 보는 소수 농업인을 위한 규모의 농업정책에서 농업인 개개인에게 혜택이 돌아가는 과감한 정책적 변화를 시도해야 한다는 주장을 하고 있다. 지급대상도 어민, 임업인, 축산인과 여성농으로 확대하고 지급액도 농가당 연 240만 원 이상 되어야 한다고 목소리를 높이고 있다.

소득 불평등의 대책으로 시작된 우리나라의 기본소득제는 성남시에서 청년수당으로 시작된 이후, 농어민, 아동 등으로 확대되고 있다. 농어민 대상 기본소득제는 강진군이 최초로 농민회 등이 주체가 되어 논의 끝에 시행하였고, 지난 6.13지방선거 때 선거 쟁점으로 부상한 이후 해남군과 강진군에서 농어민 수당 관련 조례 제정 등을 통해 연 60만 원 정도의 농민수당을 지급하고 있다.

문제는 재정 여건이다. 농민 공익수당제도가 성공하려면 가장 중요한 것은 필요한 예산을 어떻게 확보할 것인가이다. 올해 우리나라 예산은 작년 대비 9.7% 늘어났으나 농업예산은 오히려 감소 추세를 보이고 있다. 정부가 농어촌에 대한 각종 예산을 줄일 게 아니라 늘리거나 반드시 다른 재원을 마련해야 한다.

앞서 19대 국회에서 각종 FTA로 가장 큰 피해를 보는 농어민에 대한 지원책을 마련하였다. 무역이득공유제의 대체 안으로 농어촌상생기금을 1년에 1,000억 원씩 10년 간 1조 원을 조성키로 한 것이다. 이는 자유무역 협정으로 '가장 큰 이익을 본 산업'이 '가장 큰 손해를 본 산업'과 이익의 일부를 공유하는 차원에서 국회와 정부에서 합의한 바이다.

그러나 실제로 기업의 자발성에 의존하다 보니 목표치에 훨씬 미치지 못한 상황이다. 당초 무역이득공유제를 통해 안정된 액수의 기금을 확보하여 농어촌 경쟁력을 높여 나가고 신성장 동력과 6차 산업 등에 재정을 투입하려 했으나 FTA로 인한 추가 수입 산정이 어렵다는 이유와 사유재산권을 침해할 소지가 있다고 하여 박근혜 정부 때 후퇴하여 만든 기금이었다. 하지만 2년 동안 고작 380억 정도밖에 모이지 않은 극히 부진한 실정이다.

지금이라도 다시 무역이득공유제를 통한 농어촌상생기금의 구체적이고 현실적인 확보방안을 마련하고 기금 액수를 현재 1조 원 목표에서 2조 원대로 늘리는 방안을 검토해야 할 것이다. 이는 전남도가 추진하려고 하는 농어민공익수당제도의 실현을 위해서나, 기초농산물 최저가격보장제 같은 실질적으로 농어촌의 문제를 해결할 수 있는 정책의 실현을 위해서도 꼭 필요하다.

*전남도 농어민 공익수당 연 60만 원 지급 확정
2020년 4월, 10월 나눠 지역화폐로 지급(2019.11.1)

농산물 가격,
최저가격 보장제 확대가 답

우리가 흔히 말하는 시골은 1차 산업의 집약지다. 농업이나, 수산업, 축산업이 이뤄지는 대부분은 시골이라고 불린다. 그리고 그 시골이 대부분인 지역이 바로 전남이다. 그렇다면 도시인들은 이런 시골을 어떻게 보고 있으며 어떤 기능을 가진다고 알고 있을까? 이에 관한 주목할 만한 자료가 있다.

지난 2018년 말 농촌경제연구원이 실시한 국민의식 조사에 따르면, 농업농촌의 가장 중요한 역할로 '안정적 식량 공급(농업인 73.1%, 도시민 81.5%)'을 지목했다. 또한 농업농촌정책의 가장 중요한 목적은 농업인의 43.8%가 '기본적인 삶의 질 보장'이라고 답한 반면에, 도시민은 '안정적 식량 공급(26.7%)'이 가장 중요한 목적이라고 응답했다.

또 2018년 농업정책 중 가장 미흡했던 과제에 대한 질문은 '주요 농산물 가격 안정(농업인 44.6%, 도시민 36.3%)'이 가장 미흡했다고 응답했으며, 2019년 정부가 중점적으로 추진해야 할 농정과제도 '농산물 가격안정(농업인 70.1%, 도시민 74.5%)'을 선택했다. 농업정책에 관한 질문은 농촌과 도시인 모두 포함한 것이다.

이 통계를 보면 무엇을 알 수 있을까? 바로 시골에서 생산하는 1차 산업의 생산물이 대한민국의 주된 먹거리라는 것이다. 그런데 주된 먹거리인 농산물, 그래서 가격안정이 중요하다고 모두가 입을 모아 이야기하지만 대한민국은 매년 농산물 가격 불안정성을 해소하지 못하고 있다.

이유는 무엇일까. 그것은 농업이 안고 있는 가장 큰 문제인데 바로 적정가가 없다는 점이다. 예를 들어 마늘, 배추, 양파 등 노지 채소류는 매년 가격 변동성이 너무 크다. 외부 영향을 심하게 받기 때문이다. 이에 정부는 오랫동안 가격 안정화를 위해 다양한 정책을 추진해왔지만, 매번 실패했다. 지금 이 순간도 농협을 통한 계약재배를 통해 물량을 구매하거나 판매 시기를 조절하고 있으나, 그것이 전부일 따름이다. 근본적인 방법은 아니라는 것이다.

실제로 지난 이명박 정부 시절 배추, 마늘, 양파 등 52개 품목을 집중적으로 관리하겠다면서 MB물가지수를 만들었으나, 10개월 만에 폐기됐다. 이유는 기상이변이었지만, 실제로는 변동 폭을 잡을 만한 정책이 없었던 것이다. 농산물 공급은 외부의 태풍, 가뭄, 홍수 등의 자연재해에 의해 크게 영향을 받는 특성을 지니고 있어, 공급 측면만을 강조한 가격 결정 시스템으로는 한계가 존재한다.

2019년에도 양파와 마늘이 과잉 생산되면서 가격 폭락으로 생산자들이 엄청난 어려움을 겪었다. 문제는 농산물의 과잉생산은 매년 반복될 가능성이 높음에도 정부는 산지 폐기, 수매확대, 시장격리, 소비촉진 등 항상 똑같은 방식으로 대응하고 있다는 점이다. 수급을 효과적으로 제어할 대책이 없이는 농산물 가격 안정화를 이룰 수 없음에도 말이다.

좀 더 쉽게 이야기하자면 최저가격 보장제나 국가수매제가 아닌 자율시장 결정에 따른 현행제도 하에서, 한 예로 배추를 들어보자. 공급과잉 때는 수만 톤씩 산지 폐기하고, 공급부족 시에는 가격이 급등해 금치라는 말이 나온다. 이 와중에 중국산 저가 배추까지 긴급 수입·출하해 생산자와 소비자의 피해가 발생하고 있다. 더욱이 매년 폭락과 급등이 반복되다 보니 '배추의 2년 주기론'이라는 말까지 등장할 정도다. 이는 시장가격에 의존한 정부 수급조절 실패의 전형적인 사례라고 할 수 있다.

농식품부의 자료에 의하면, 2016년부터 최근 3년 동안 34번의 수매비축, 산지 폐기, 수입대체 등의 농산물 수급안정 긴급조치가 시행될 정도로 수급 불안정성이 만연되어 있는 것을 확인할 수 있었다. 종합해보면 중앙정부나 지방자치단체가 농민들의 안정적인 소득보장과 수급 불안정을 해소할 수 있는 실질적인 제도적 장치가 바로 이 시점에 절실하다는 것을 알 수 있다.

그렇다면 방법은 없는 것일까? 있다. 바로 '농산물 최저가격 보장제 확대'다. 농산물 최저가격 보장제는 농산물의 시장가격이 기준가격보다 하락했을 경우에 그 차액의 일부를 지원하는 제도다. 지난 2016년에 전북이 전국 최초로 농산물 최저가격 보장제도를 도입한 이후, 타 지방자치단체로 확대되고 있다. 일부 지방자치단체에서는 주요 농산물의 가격이 해당 지자체에서 정한 최저가격 이하로 형성된 경우 농가에 지원금을 지급하는 최저가격 보장제를 실시하고 있기도 하다.

하지만 열악한 지방자치단체의 재정상황을 고려한다면, 결국은 국가가 나서줘야 한다. 특히 어떤 품목을 지원할 것인지, 품목 중에서도 재배방식에 따라 적용 범위가 달라지는 등의 해당 지방자치단체의 특화정책에 따라 가격도 상이하기에 보다 포괄적인 통계와 적용 방법이 필요하다. 전북은 2019년 농산물 최저가격 보장제 품목별 기준가격을 확정하고 양파와 가을무 재배 농가에 1억4,000만 원을 지원한 상태다. 기준가격은 생산비와 유통비의 합으로 결정되는데, 생산비는 농진청이 제공하는 최근 5개 면의 품목별 투입된 전국평균 비용이며 유통비는 한국농수산물유통공사가 발표한 최근 5개년 품목별 출하부터 도매까지의 전국 평균유통 비용이다.

그렇다면 전남은 어떤가. 전남은 농산물 최저가격 보장제 조례를 제정하긴 했으나 조례 시행규칙이 만들어지지 않아서, 우회적으로 시장격리 조치에 반영하고 있다. 나주시의 경우 2016년 10월 '농산물가격안정 및 최저가격지원에 관한 조례'를 제정하고, 2017년 최저가격 지원협의회와 가격안정기금 운용심의위원회를 거쳐 양파와 건고추를 지원하기로 결정했다. 재배계약 면적이 1,000㎡ 이상 ~10,000㎡ 이하인 농가를 대상으로 농협과 조합 공동 사업법인의 품목별 계통출하 조직과 계약을 체결하였다.

하지만 농림축산식품부가 지원대상 품목의 과잉생산 유발 가능성과 WTO 협정문제, 정부 정책과의 불합치 등을 이유로 조례 시행을 막으면서 추진되지 못했다. 즉, 농림축산식품부가 지자체에서 추진하고자 하는 농산물 최저가격 보장제도에 대해 제동을 걸고 있는 것이다. 농식품부는 반대하는 이유로 특정 상품에 대한 최저가격 보장은 결국 과잉생산을 유발해, 타 지역 농가에 피해를 발생시키기 때문이라고 설명한다. 또한 현재 추진 중인 농업수입보장보험, 채소 가격 안정제 등 정부정책과 중복되어 정책 혼선이 발생할 수 있다고도 강변한다. 시·군별로 특정 품목에 대한 가격보장이 이뤄지면, 생산과잉 문제로 인한 가격하락 문제가 발생해 정부가 수급관리의 컨트롤 타워 역할을 수행할 수 없기 때문이라는 것이다.

알아둬야 할 점은 농식품부가 회심의 전략으로 추진하고 있는 채소 가격 안정제는 정부의 수급조절 기능을 확대한 계약재배시스템이다. 2015년부터 시범사업을 거쳐 2017년에 배추, 무, 마늘, 양파를 대상으로 본 사업을 추진했고, 현재는 고추를 포함해 5개 품목이 대상이다. 참여농가와 정부(지자체)·농협이 공동으로 수급안정 기금을 조성해 가격이 떨어졌을 때 계약 농가에게 평년 수준 가격의 80%를 보장하는 것이 골자다.

그런데 이런 채소 가격 안정제가 3년 정도 추진되면서도 수급조절 기능이 실효를 거두지 못하는 이유는 무엇일까? 그것은 계약물량이 부족하기 때문이다. 정부는 이론적으로 품목별 전국 물량의 15%를 점유한다면 수급을 주도적으로 조절할 수 있다고 판단한 듯하다. 그러나 생산농가는 가격이 폭락할 때 산지 폐기나 수매비축에 비용을 사용하고, 생산비의 일부만 보전금으로 지급하고 있어 참여농가가 크게 확대되지 않고 있는 실정이다.

결국 농식품부는 농산물 최저가격 보장제도가 과잉생산과 재배 쏠림현상을 유발한다는 우려를 제기하지만, 이러한 제도는 가격지지라기보다 가격안정의 성격이 더 강하다는 것을 이해하지 못한 것이라 볼 수 있다. 이는 최저가격 보장제도가 항상 시장가격보다 높게 지지되는 것이 아니라 사전에 지자체가 생산비 기준으로 적정가격을 정하기 때문에, 시장가격이 생산비 이하로 하락할 경우에만 차액을 보전해주기 때문이다. 이는 과거에 쌀값 보장을 위해 시장가격보다 높게 책정했던 추곡수매제도와도 차이가 있다.

또한 최저가격 보장제는 지역농협 등과 계약을 통해 계

통출하 하는 것을 전제로 하기 때문에 농가의 산지조직화가 정착될 수 있다는 이점도 있다. 이에 국회에 농산물 최저가격 보장제를 도입하는 내용을 담은 농수산물 유통 및 가격안정에 관한 법률 일부 개정안이 발의된 상태다. 열악한 지방자치단체의 재정상황을 고려해 정부가 최저가격 보장제를 실시하고 있는 지역에 국비를 지원할 수 있는 근거를 마련한 것이다.

보다 근본적인 이야기를 해보자면 정부와 지자체, 농가 간 갈등의 근본 원인은 수급 안정화와 소득보전 중 어느 부문에 주안점을 두는가에 있다고 볼 수 있다. 정부가 추진하는 채소 가격 안정제와 농업수입보장보험은 수급 안정화와 최소한의 소득보장을 목적으로 농가의 참여를 유도하고 있다. 그러나 수입보장보험은 아직 시범사업이라 품목과 예산확보가 어려운 상황이다.

아울러 민선 지자체는 지역의 특정 품목에 대한 농가의 소득지원을 추진하려고 하지만, 정부는 국내생산량 전체의 수급 안정화에 중점을 두고 있기 때문에 합리적인 대안을 찾아야 한다. 이를 해결하려면 각 지역의 주산지 중심의 품목을 대상으로 최저가격 보장제를 추진토록 하고 국비 지원을 해야 하며 주산지 품목의 자조금 기반의 재원과 지자체 기금, 그리고 정부 보조금을 활용해 재원 기금을 마련해야 한다.

나아가 최저가격을 보장하는 대신에 참여농가가 계약 재배를 하도록 의무화시키고, 채소생산 안정제의 장점인 출하 시기 조정, 출하량 조정 등을 정부 정책에 따르도록 제도할 필요도 있다. 또한 매년 반복되는 농산물 가격 폭락과 산지 폐기 예방을 위해 농산물에 대한 수요와 공급을 체계적으로 시스템화해 관리해야 하는 것이 병행돼야 한다. 개인적으로는 인공지능과 ICT 기술이 접목된 다양한 4차 산업혁명 기술을 활용해, 농업생산성 및 소비패턴 분석이 농산물 가격안정에 활용된다면 생산자 및 소비자의 후생 증대에 큰 기여를 할 것으로 기대할 수 있다고 판단한다.

여기에 중앙부처와 지방자치단체가 주산지 위주로 재배면적 등 생산량을 조절할 수 있는 농산물 주산지 보호 특별법도 마련돼야 한다. 이 제도가 정착된다면 소비자(가격안정)와 생산자(소득보장) 모두의 후생을 증가시키는 효과를 얻을 수 있을 것이다. 또한, 농산물 전체적으로 봐서도 지속적으로 하락하고 있는 곡물 자급률을 끌어올리는데 기여할 것으로 파악된다.

지속가능한 농산어촌
융복합산업 지원체계 마련

농촌융복합산업(6차산업)이란 영농인(1차)이 식품제조·가공(2차)과 유통·체험·관광서비스(3차) 등을 융복합하여 새로운 부가가치를 창출하는 것이다. 지역의 농수축산물과 경관, 문화 같은 지역자원에 가치를 부여하고, 소비자와 직접 연결하여 창출된 부가가치와 일자리가 농업·농촌으로 환원되는 것이다.

농촌융복합산업화가 필요한 배경은 2000년대 이후 농가 및 농가인구가 지속적으로 감소하고, 농가당 가구원 수도 대폭 줄어 현재 약 70% 정도의 가구는 가구원이 1~2인에 불과하기 때문이다. 또한 농가인구의 고령화가 심화되고 농업생산비도 상승하고 있다. 특히 농가인구 중 65세 이상이 40%를 넘어 취농인구를 확보하지 않으면 농업 자체가 붕괴될 위기에 처했다. 그리고 농업생산만으로는 소농, 고령농의 소득기반 확충에 한계가 있기 때문이다.

이와 같이 어려운 농어촌 현실에 새로운 활력을 제고하고자 지역단위로 생산, 가공, 유통, 관광서비스 분야가 연계된 6차 산업 시스템을 구축함으로써 지역 전반의 산업구조를 고도화하고 지역경제 활성화를 꾀한다는 전략이다.

다행히 최근 농어촌에서 일자리를 찾는 인구가 증가하고 있고, 1인당 국민소득 3만 불 수준으로 소득이 향상되면서 여가활동 및 좋은 먹거리에 대한 관심이 증가되고 있다. 그래서 휴식과 치료를 위해 농어촌을 관광지로 선택하는 사람들이 계속 증가하고 있어 성공가능성도 높아졌다. 믿을 수 있는 좋은 먹거리와 건강식품에 대한 요구가 높아지면서, 직접 재배한 농산품의 직거래와 건강보조식품에 대한 관심도 커지고 있으나 아직 농식품 구매와 체험관광 등 소비로의 연계는 더디기만 하다.

우리나라는 2015년 6월부터 「농촌융복합산업 육성 및 지원에 관한 법률」에 의거하여 금융, 컨설팅, 교육, 체험관광, 마케팅 등 다양한 6차 산업 관련 지원정책을 시행했다. 농식품부와 중기벤처기업부 등 17개 정부기관과 지자체에서 총 112개의 프로그램을 운영한다. 이 중 농촌지역에 소재하면서 인근 지역 농산물을 원료로 가공 및 체험을 결합한 6차 산업화를 추진하려는 경영체를 대상으로 농촌융복합산업 인증제를 시행하고 있다.

그러나 6차 산업 인증을 받더라도 보조금 신청 시 가산점을 주는 것 외에 우대사항이 없어 인증제도의 확산이 속도를 내지 못하고 있다. 또한 1~2인 가구원 중심의 농가가 대부분인 상황에서는 개별경영체 중심으로 사업을 추진하기가 쉽지 않은 것이다. 실제 지원정책은 소액의 국고보조금을 지원하는 정도에 그치고 있다.

우리나라 6차 산업화 정책은 농업 선진국인 EU나 일본처럼 1차 산업이 탄탄한 구조에서 시작되지는 않았다. 개별경영체 기반의 6차 산업이 아니라 농업생산은 개별농가가 맡고, 제조가공은 공동시설 또는 지역 업체와 연계하여 추진하며, 관광은 마을단위 농촌관광이나 지역관광전략에 의존, 판매는 농협주도 로컬매장이나 대형마트 등 원거리 유통망에 의존하고 있다. 대부분의 6차 산업 인증사업자도 1차 원재료를 자가 생산기반에서 조달하지 않고,

인근 지역 또는 원거리 지역에서 재료를 구입하여 가공품을 제조하고 있다. 경영체 자체적으로 직매장, 가공, 관광·체험, 농가·식당 또는 교육 등의 시설을 갖추지 못한 곳이 태반이다.

현재의 지원정책은 6차 산업 인증사업자를 중심으로 이뤄지고 있어, 인증 받지 않은 농업인이나 예비창업자는 배제되고 있다. 6차 산업 창업에 관심이 있는 귀농·귀촌 인력이나 청년창업자 등을 위한 체계적인 창업지원이 필요한 것이다. 또한 2차 제조 가공품이 장류, 빵 또는 떡류, 절임식품 등 단순 가공제품이 대부분을 차지한다. 기술적 혁신을 통해 고부가가치의 상품이 기획되고 제품화될 수 있도록 지원되어야 한다.

특히, 건강기능성식품으로 개별인증을 받을 수 있도록 기술지원, 장비지원, 전문인력지원이 가능하도록 기반을 구축할 필요성이 있다. 단순 제조가공과 단순 체험에서 벗어나 테마와 스토리가 있는 다양한 농촌관광상품을 개발해야 하는데, 치유와 여유, 쉼이 있는 농촌관광서비스도 필요하다.

또한 현재의 중간조직인 6차산업지원센터는 지역단위 6차 산업 인증업체의 지원을 수행하고 있지만, 성장경로를 관리하고 육성하는 데는 한계가 있다. 지역단위 6차 산업 관련 지원서비스 플랫폼을 총괄할 중핵조직이 필요하다. 점진적으로 산업에 국한하지 않고 농산어촌을 아우르는 종합적인 중간지원 조직 센터로서의 역할을 강화하도록 확대되어야 한다. 6차 산업의 성공모델을 확대시키기 위해서는 지역별 특성을 고려한 차별화된 비즈니스 모델이 개발되어야 하고, 귀농·귀촌정책과 연계하여 6차 산업에 활용도가 높은 젊은 인적자원을 많이 확보해야 한다.

전남지역의 6차산업지원센터를 예로 들면, 전남 6차 산업화 관련 경영체는 1,630여 개소이지만 인증경영체는 12%에 수준에 머물고 있다. 인증경영체를 20% 이상 확대하기 위해서는 전남농촌융복합사업 육성 기본계획을 수립하여 농식품 경영체 위주 육성방안에서 벗어나 농촌의 다양한 부존자원을 활용하는 비식품분야의 인증경영체를 키워야 한다. 로컬푸드, 민박, 농촌관광분야 등 다양한 분야로 전남 특성을 반영한 중장기 계획 수립이 필요한 것이다.

현재 전남도는, 6차 산업화 인증을 담당하는 전남농촌융복합산업지원센터는 순천대학교에 위탁하고, 전남농촌활성화지원센터는 목포대학교에 위탁하며, 전남마을공동체만들기 지원센터는 일반업체에 위탁하고 있다. 전남어촌특화지원센터는 특정지역 신문사에 위탁하고 있는 실정이다. 하지만 실효성 있는 농업·농촌지원, 귀농귀촌 창업, 6차 산업화의 지원을 위해서는 각각 개별적으로 운영되고 있는 조직을 통합해야 한다. 통합된 조직체는 6차 산업 전환 여부 및 적합 유형에 대한 정확한 진단과 함께 맞춤식 지원시스템을 구축할 수 있다.

아무리 좋은 정책이라도 주체가 명확하지 못하고, 주먹구구식으로 사업이 난립한다면, 사업화 역량이 부족한 농어촌 농가에게는 오히려 독이 될 수 있다. 기존에 잘하던 생산영역 조차도 부정적인 영향을 미칠 수 있기 때문에 체계적인 관리와 네트워크 구축이 무엇보다 중요하다.

제2장
4차 산업혁명과
농어촌의 미래

기후변화 대응
농업연구소를 설립하자

    2019년도는 유난히 태풍이 많은 해로 기록되고 있다. 제 13호 링링, 제17호 타파, 제18호 미탁 등 세 차례의 태풍은 짧은 기간에 남해안을 연속해 강타했다. 안타깝게도 정성 스럽게 키운 한해 농사는 쑥대밭이 되었다. 지난 10월 중 순 전남 보성 겸백 들녘에서 쓰러진 벼를 바라보며, 한숨 짓던 어르신들의 모습이 아직도 눈앞에 어른거린다.

    기후변화는 이뿐만이 아니다. 최근 들어서 폭염, 열대야, 집중호우 등의 강도 역시 증가하고 있다. 겨울도 따뜻하고 눈이 잘 내리지 않는다. 봄 가뭄도 걱정해야 한다. 이런 기 후변화의 발생 빈도는 기상통계에 의해서도 확인할 수가 있다. 지난 100년간 세계 평균기온은 0.74도 상승한 반면, 한반도는 그 두 배인 1.5도가 상승했다. 지구 온난화로 대표되는 기후변화에 대한 완화 노력 없이 온실가스(CO_2)를 계속 배출한다면, 21세기 말 우리나라 평균기온은 6.0도 상승하고, 강수량은 20.4% 증가되어 계절 변화와 함께 자연 생태계는 물론이고, 농업분야에도 많은 영향을 주게 될 것이라 예상할 수 있다.

특히 농업은 기후변화에 매우 민감하기 때문에 기후로 인한 피해 또한 적지 않다. 일단 기후가 변화하게 되면 농산물의 품질 저하와 병해충 증가 등으로 생산성이 감소된다. 축산분야에도 영향을 미쳐 기온 상승은 축산동물의 면역력을 악화시키고, 전염병 출현을 증가시킬 수 있다.

보건·문화 측면에서도 많은 변화가 발생하고 있다. 여름 전염병이 봄철에 증가하고, 사계절의 시작과 기간 변화로 겨울이 짧아지고 여름이 길어지면서 벚꽃, 개나리 등 봄꽃의 개화 시기가 빨라져 축제 시기를 맞추기도 어려워지고 있는 것이다.

농업생산 측면에서는 아열대 기후변화 확대로 제주도에서만 재배되던 한라봉, 천예향 등의 아열대 작물이 강원도 고성에서도 재배된다. 여기에 사과, 배, 복숭아, 감 등 과수 재배 적지가 계속 바뀌는 등 생산 환경이 크게 변화되고 있다. 이런 변화는 생산 차질을 불러일으켜 유통시장까지도 변하게 만들고 있다. 결국 기후변화에 적응하거나 대응하지 못한다면 농어업에 큰 피해를 초래할 것은 불을 보듯 뻔하다.

정부도 심각성을 인지하고 있다. 문재인 대통령은 지난 9월 23일(현지 시간) 미국 뉴욕에서 덴마크와 공동 개최한 P4G(녹색성장 및 글로벌 목표 2030을 위한 연대) 정상회의 준비행사에 참석한 자리에서 "한국은 기후변화 대응에 책임을 다하고 지속가능한 발전을 위한 성장 모델을 제시해 인류 공동번영의 길을 찾는 데 앞장서고자 한다."고 밝혔다.

문 대통령은 "한국은 개발도상국에서 책임있는 중견 국가로 성장하는 과정에서 녹색성장과 지속가능 발전을 추진해온 경험이 있다."면서 "그 경험을 공유하면서 P4G와 녹색기후기금, 글로벌 녹색성장연구소를 연계해 개발도상국의 지속가능 발전을 지원하겠다."고 말했다. 이어 "지구 온난화와 기후변화에 따른 폭염, 홍수, 태풍, 대기질 문제는 이제 '기후위기'라 할 정도로 심각하다."며 "세계가 공동으로 구체적인 목표와 전략을 세우고 비상한 행동에 나서야 할 때다. 인류가 함께 행동하며 실천할 수 있는 전환점이 마련될 수 있도록 내년 한국에서 열리는 '제2차 P4G 정상회의' 개최국으로서 최선을 다하겠다."고 강조했다.

대통령 역시 기후변화에 주목하는 만큼 2020년부터는 정부차원의 대응책이 본격화될 것으로 보인다. 나 역시 이런 방향에 충분히 동의하며, 보다 빠른 대책마련이 필요하다고 본다.

먼저 기후변화에 대응하기 위해서는 첫째, 기후변화 원인인 온실가스 배출량을 줄이는 범국가적인 대책과 둘째, 기후변화로 인한 농업적 피해를 최소화하려는 준비를 들 수 있다. 기후변화에 따른 농업 부문의 영향에 관하여 과학적인 진단과 평가를 해야 하는데 이는 작물 영향 평가를 통해 온난화 적응 작물 탐색, 신품종 개발, 작부체계 변경과 재배시스템 개발 등 농업의 비전 및 돈 버는 농업 방향 설정을 위해서 중요하다.

우리와 비슷한 환경에 처해 있는 일본에서는 지구온난화적응 대책을 위해 난지온난화 연구팀, 한지온난화 연구팀 등 5개 온난화 연구팀을 가동하고 있다. 지구온난화 완화를 위해서는 온실가스 억제를, 그에 관한 적응을 위해서는 작물 영양평가, 품종 기술개발 등에 앞장서고 있다. 물론 우리도 아주 손 놓고 있는 것은 아니다. 농촌진흥청에서는 원예특작과학원에 온난화대응농업연구소를 제주특별자치도에 설치해 한라산 지대별로 각종 아열대작물에 대한 시험 연구 사업을 추진하고 있다.

하지만 서둘러야 한다. 기후변화로 인해 재배 지역이 바뀌면, 새로운 작물이 정착되는 데에 많은 시간과 노력이 든다. 새로운 작물에 적합한 토양을 만들고 재배기술을 축적해야 되기 때문이다. 아울러 우리가 생각하는 것보다 빠른 온난화의 진행으로 인해 기존 작물의 수량 및 품질 저하가 우려되지만 아열대 작물 재배지역의 한계지 북상으로 기회 요인이 될 수 있어 기후변화에 적극적으로 대처하여야 한다.

기후변화 대응을 위한 농업혁신은 선택이 아니라 필수가 되었다. 또한, 지구온난화 접점에서 아열대 작물 재배가 태동하는 전남도에 '기후변화 대응 농업연구소'를 설치해 기후변화에 능동적으로 준비하도록 해야 한다. 이미 해남 지역은 연구소 유치에 나선 분위기다.

기후변화 대응 농업연구단지 조성사업은 2019년부터 2023년까지 농업연구소, 아열대 작물 실증센터 등 한반도 기후변화에 대응하는 농업연구단지를 국제적 규모로 조성하는 사업으로 부지면적 120ha, 총사업비 1,835억 원이 투자되는 대규모 프로젝트 사업이다. 전남에 필요한 사업이며, 꼭 유치해야 하는 사업이라고 판단된다.

해남이든, 또 다른 지역이든 기후변화에 가장 타격을 받는 지역이 전남인 것을 감안한다면 '기후변화 대응 농업연구소' 유치에 지자체, 지역 정치인, 지역민들이 다 같이 나서야 할 것이다.

4차 산업혁명과 농어촌의 미래

〈서울대 이기원 교수 보성 특별강연〉

이번 장은 지난 2019년 4월 서울대 식품생명공학과 이 기원 교수가 보성을 방문해 특별강연을 한 내용 중 일부를 그대로 올릴까 한다. 읽어보면 어느새 공감할 수 있는 자신을 발견할 수 있을 것이라 기대한다.

지금 전 세계가 미래기술에 대해서 굉장히 고민하고 있습니다. 과거에는 베껴도 됐습니다. 그런데 요즘은 그렇지 않습니다. 미국 벤처기업들이 성공한 이유가, 대학이 특허 관리를 너무나 잘합니다. 특허 소송으로 다 이기는 겁니다. 우리나라 식품기업들이 유사한 제품을 거의 비슷하게 만들 수는 있는데 알고 보면 다 외국에 특허가 있는 거죠. 더 이상은 기술 없이는 어렵다는 겁니다.

앞으로 농업이나 다른 산업도 생산자 중심이 아니라 소비자 중심으로 가다 보니 건강을 위해서 필요로 한 것들에 대한 데이터, 새로운 어떠한 기술과 융합이 더 중요하지, 단순히 열심히 하는 것으로는 경쟁이 안 되는 세상이 되어버렸습니다. 지금은 직접 소비자들에게 배달하는 온라인 시스템이 많아지고 이러한 것들이 새로운 식품 산업이나 농업분야에서 하나의 산업으로 되어가고 있습니다.

이렇게 되면 전통식품 기업과 우리의 지역은 어떻게 될까 고민이 됩니다. 글로벌 기업들이 이제는 농업과 식품에 다 뛰어들었을 때 과연 대부분의 전통적인 농업과 식품을 연구하고 또 생산하고 판매하는 분들은 앞으로 어떤 일을 해야 될까? 네슬레를 보니까요. 처음에 새 모이를 만들었는데요. 우리나라 정식품과 좀 비슷합니다. 인공 모유를 만든다는 거죠. 엄마가 젖이 안 나오는 아이들을 위해서 영양을 공급하기 위해서 약사가 만든 게 네슬레입니다. 분유를 가지고 시작했습니다. 그리고 건강에 대한 것, 그다음 이 회사가 중요하게 생각한 것이 바로 소셜 임팩트 (Social Impact)입니다.

바로 생산자를 보호하는 겁니다. 아프리카의 커피를 생산하는 사람, 또는 카카오를 생산하는 생산자의 보호 기능을 되게 중요시합니다. 그래서 사회적으로 기여한다는 인식을 많이 갖게 하는 것입니다. 저는 유럽기업인 네슬레에 특별히 관심을 갖고 있습니다. 스위스는 인구 700만밖에 안 됩니다. 네슬레는 매출액이 105조 정도 되는데 우리나라의 큰 식품회사들이 2조 정도 되니까 그보다 50배 정도 큰 기업이 됩니다. 그런데 대부분 매출이 해외에서 나옵니다. 더 특이한 것은 회사가 시골에 있습니다. 인구 2만 명밖에 안 되는 '브베'라고 하는 찰리 채플린의 고향에 있습니다. 본사를 안 옮깁니다. 시골에 그대로 둡니다. 지역을 기반으로. 그럼에도 불구하고 전 세계에서 가장 영업이익이 높은 그런 기업이 됐는데요.

이 회사가 성공한 이유는 이겁니다. 100조를 판다 그러면 다들 어마어마하다 그러는데 브랜드가 1만 개 있습니다. 브랜드 하나당 100억씩 파는 겁니다. 예를 들어 제가 보성녹차 매출액이 어느 정도 되는지 모르지만 여기 네슬레 브랜드 중에 대부분은 여러분이 아시는 게 거의 없습니다. 지역마다 기술을 제공해서 그 지역 브랜드를 만들어서 그 지역에서 자체적으로 먹고 살게끔 만드는 게 네슬레

전략입니다. 초기에 플랫폼을 제공하는 거죠.

우리나라 식품기업들 중에 여러분들이 아는 동서식품의 맥심 아실 거예요. 맥심의 가장 큰 문제가 뭐냐면 크래프트사의 브랜드입니다. 지분의 50%가 미국의 크래프트고 맥심이라는 브랜드가 미국 브랜드입니다. 이게 무슨 얘기냐면 매출액의 일정 부분을 상표사용료로 크래프트에다 주고, 영업이익의 50%를 또 크래프트에 줍니다. 그러니까 크래프트는 가만히 앉아서 매출액을 가져가는 구조, 야쿠르트와 똑같습니다. 그리고 외국에 나갈 수 없어요. 왜냐하면 야쿠르트와 맥심이 한국 브랜드가 아니기 때문에 해외에 못 나가고 한국에서만 판매를 하는 겁니다.

다시 말씀드리면 역으로 보성이 갖고 있는 브랜드는 해외에 나갈 수도 있지만 우리나라에서 잘나가는 브랜드들은 해외로 못 나가는 것들이 많습니다. 브랜드를 못 갖고 있기 때문입니다. 그래서 브랜드를 잘 만들어야 됩니다. 남이 갖지 못한 브랜드에 하나 붙여야 되는 게 기술입니다. 이제 전남대학교 가까이는 순천대학교 또는 광주과기원이 새로운 첨단 연구를 하고 있는데 좀 더 지역하고 어떻게 잘 연계될 수 있을까 그런 것을 좀 더 지자체나 정부가 많이 고민해야 될 것입니다.

결국 새로운 사람과 기술이 있어야지 기존에 지금까지 1세대, 2세대, 3세대를 넘어서 새로운 것들이 나오지 않을까 합니다. 네슬레도 로잔 공과대학 안에 이러한 연구소를 만들어서 핵심적인 어떤 특허를 확보하고 어떤 글로벌화할 수 있는 원천 인력을 만들어냈습니다.

우리나라는요. 대학은 기술에 별로 관심이 없고요. 기업은 또 반대로 연구에 관심이 없어요. 무슨 얘기냐면 기업은 남이 다 만들어놓은 것을 가져다 팔 생각을 많이 하고요. 대학은 어느 순간부터 연구라는 것을 하기 시작하면서 뭔가 산업적으로 지역에 기여하는 것보다는 논문이라고 하는 것에 빠져 있다 보니까 연구는 하고 사업은 하는데 기술은 없는 그래서 지금의 미스매치라는 상황에 와 있습니다.

스위스를 넘어서 전 세계 농업 1위 국가는 네덜란드입니다. 의외입니다. 네덜란드는 인구도 얼마 되지 않는 데다 특이한 게 문화적으론 독일에 가깝고, 언어는 영국어를 쓰고 약간 복잡한 나라입니다. 다문화가 되어있는 나라인데 와게닝겐이라고 하는 대학에 가시면 농업대학이 아니라 농진청이 같이 있습니다.

전라도에는 어쨌든 이제 익산에 식품 클러스터도 만들

었고, 또 농진청이나 농업관련 대학이, 기업들이 많이 유치될 것입니다. 그래서 앞으로는 와게닝겐 대학교처럼 대학과 국가기관이 연계되고 더 나아가서 이러한 것들이 하나의 코드, 밸리가 되어야 하는데 어떻게 보면 농진청과 또 관련된 대학들, 농업대학들 또 지역이 하나의 전라남북도는 이러한 혁신밸리를 만들 수 있는 좋은 입지적인 위치를 갖고 있지 않을까 하는 생각을 해볼 수 있을 것 같습니다.

제가 스위스나 네덜란드 사례를 말씀드렸는데요. 우리나라 농업의 현실은 참 어렵습니다. 제가 몇 가지 경험을 해보니까, 서울대학교가 농대를 평창으로 이주했는데 평창이라는 지역은 호남지역과 차원이 달라서 모여 있지도 않고, 평지도 없고, 대량생산되는 어떤 작물들도 별로 없습니다.

차별화하기가 굉장히 어려운 위치에 있어서 그래서 제가 이 말을 다시 한번 새겼습니다. 우리가 4차 산업혁명 시대라면 모든 인간이 로봇과 AI에 밀려서 망하는 분야로 가는 거냐! 소수가 독점하는 시대로 가는 거냐! 그게 아니라는 생각이 드는 거예요. 기술이 왜 필요할까? 공자님 말씀에 이런 말씀이 있어요. "예는 예로구나"라는 얘기는 우리가 선물을 하는 것은 형식인 거고, 본질은 그 사람이 가진 마음이다. 사람이 이 기술을 활용하는 것은 어떤 본질을 알리는데 기구로써 이용하는 거지 본질이 바뀌지 않는 것이다.

우리나라에서 가장 최근에 이슈가 된 것은 방탄소년단입니다. 유튜브 시대에 요즘에는 많은 학생이 강의를 유튜브로 듣는데요. 유튜브에서는 비틀즈 같은 가수라고 합니다. 어떻게 한국에서 하고 있는 일들을 전 세계 사람들이 알고 있을까?

이처럼 요즘 아마존이나 유튜브라는 플랫폼을 통해서 보성만이 갖고 있는 것들을 어떻게 알릴 수 있냐는 것이고요. 어떻게 보면 농업이나 농촌은 장점도 있습니다. 과거에는 기술이 없어서 되게 어렵게 농사를 지었다면 앞으로는 좀 더 기술들이 좋아져서 내가 기후도 예측하고 생산량도 예측하고 소비량도 예측해서, 생산해서 버리지 않게끔 뭔가 원하는 만큼을 생산하고, 또 직거래가 점점 많아져서 내가 굳이 노력하지 않아도 원하는 어떤 소비처를 확보할 수 있는 그래서 4차 산업 혁명기술은 농업과 농촌에 좋은 플랫폼일 수도 있다. 다만, 농업농촌이 어떤 콘텐츠, 어떤 가치를 가져다 자꾸 알리고 그러한 것들의 중심이 될 수 있는 인재를 키우느냐가 정말 중요합니다.

"결국은 스토리 싸움이다"라는 얘기를 합니다. 자기다운이라고 하는 것은 이런 것입니다. 보성은 보성 자체 분들이 더 행복하시면 남들이 쫓아옵니다. 남을 위해서 뭔가 행복한 척하는 게 아니라 우리 스스로가 행복해야 저 사람들이 왜 저렇게 행복하지? 저 사람들 왜 그렇게 잘 살지? 왜 그렇게 건강하게 오래 살지? 그게 궁금해서 쫓아오는 겁니다. 내가 스스로 행복하면 남들이 찾아오지만 남들을 위해서 내가 억지로 행복하려고 노력하면 그것은 본질이 아니라는 생각을 하게 됩니다.

녹차에서 카페인을 제거한다면, 녹차술은?
새로운 브랜드를 만들어야

중국에서 재작년에 첫 노벨상을 받은 게 말라리아 치료제인 개똥쑥이죠. 우리나라에서도 흔히 볼 수 있는 약재죠. 중국의 투유유라는 85세의 여성 연구자가 개똥쑥에서 아르테미시닌을 추출한 겁니다. 그런데 이것은 예전에 동양의학적 방법으로 1,600년 전에 명나라 고서에, 물 2리터에 깅하오(개똥쑥)를 녹여 먹이면 말라리아 환자에게 효과가 있다는 대장금 같은 이야기입니다. 대장금이 가진 궁중 비방 중 활명수를 먹으면 소화제가 되지 않습니까? 그런데 아직도 정확하게 활명수의 무슨 성분이 소화 효과가 있는지를 몰라요. 이제 그것을 과학적으로 규명해 내면 노벨상을 받는다는 것입니다.

프랑스 사람들이 가장 많이 마시는 것은 와인입니다. 우리나라도 이제 와인이 모든 음식에 맞나 봐요. 이게 원래는 중국집 가면 중국술 먹어야 될 것 같고, 한국음식에는 막걸리를 먹어야 될 것 같은데 와인은 모든 나라가 그냥 다 같이 먹는데 사실, 와인은 녹차하고 비슷합니다. 자꾸 몸에 좋다고 그러니까 먹게 되는 것입니다. 그래서 프랑스 사람들은 미국 사람보다 밥도 많이 먹고, 운동도 안 하고 담배도 많이 피웁니다. 그런데 오래 삽니다.

보성 분들은 어떠신가요? 생활이 좋아서 오래 사실 수 있는데, 뭔가 이유가 있을 텐데. 녹차를 이용해서 차를 많이 드시고 또 다른 탄산음료를 적게 드시든지 예를 들면, 그게 참 중요합니다. 프랑스 사람들은 와인을 먹으면 오래 장수하는데, 이유가 뭘까? 이유를 찾은 사람이, 이 하버드의 씽클레오 교수가 포도 껍질에 '페라토리'라는 물질이 있는데, 과식자들이 이걸 먹었더니 수명을 연장시켰다. 그리고 그게 이런 메커니즘의 이유가 뭔지를 찾았습니다. 이것을 GSK라고 하는 제약회사에 현금으로 1조8천4백억

원에 기술을 이전한 어떻게 보면 하버드 역사상 가장 큰 기술 이전이었습니다.

왜냐하면 와인을 많이 먹는 프랑스 사람들이 오래 사는 이유가 뭐냐는 것을 밝힌 겁니다. 그런데 이것을 과학적으로 해서 기술을 이전한 케이스죠. 우리나라도 그런 게 많습니다. 인삼도 있을 거고, 콩도 있을 수 있고, 녹차도 있을 수 있습니다. 문제는 정확하게 그 물질이 뭐냐 그리고 그런 것을 어떻게 어떤 제형으로 우리가 섭취하느냐 하는 겁니다.

녹차 마실 때 애매한 것이, 카페인이 문제입니다. 커피도 비슷한데요. 유전자 가위를 요즘 많이 이야기하는데 카페인이 제거된 녹차를 만들 수 있는 거죠. 그렇게 되면 원래 녹차에 있는 데아닌이란 물질은 수면을 잘 유도하고 스트레스를 완화하는 좋은 물질인데 카페인과 같이 있다 보니 이게 잘 안 돼요. 그래서 그런 것들을 제거하고, 또 라떼 같은 것. 요즘 많이 하는 우유랑 녹차를 같이 하는 것들, 밀크티 이런 것이 있습니다. 홍차를 가져다 밀크를 섞어가지고 공차라고 하는데 엄청 성공했는데 여기에 떡도 있을 거구요. 거기에는 타피 효과 같은 걸 넣는데 또 이런 녹차를 젊은 사람들이 좋아하는 어떤 제형의 밀크티가 있죠. 차 자체가 어르신들이 좋아하는 것이지만 젊은 사람들은 이런 걸 좋아하죠. 그런 새로운 어떤 기술이 융합되어 이런 것들이 과학적으로 규명되고 이러한 것들을 대량 생산하는 기술이 중요하다고 봅니다.

스마트팜도 참 고민스럽습니다. 그렇지만 앞으로 젊은 사람들이 농업을 계속하려면 이 기술을 무시할 수는 없을 것 같습니다. 스마트팜은 뭐냐면 정확하게 말씀드리면 인삼을 6년씩 키우지 않는다는 것입니다. 왜 6년 동안 농약하고 비료를 해가지고 환경적으로 안 좋은 방식을 쓰냐는 거죠. 처음부터 인삼에서 우리가 얻고자 하는 물질이 있습니다. 그 물질을 얻기 위해서 우리가 섭취하기 위해서는 종자도 필요하고, 배양액도 필요하고, 빛도 필요합니다. LED 라고 그러죠. 그리고 이것을 하나의 시스템으로 만들면 우리가 농약을 쓰지 않고도 지금의 6년근 홍삼보다 더 유용한 물질을 대량으로 만들어 낼 수가 있습니다.

앞으로 이 기술로 갈 수밖에 없습니다. 우리가 전통이라고 이야기하는 건 우리의 문화에선 가능하지만 세계화는 안 됩니다. 그래서 우리가 전통적으로 가야 할 부분이 있고, 또 이제 인삼이나 우리의 녹차를 세계화하기 위해서 재배하는 방법에 이러한 스마트팜 기술을 적용하는 것은 어쩔 수 없는 하나의 미래의 선택이 아닐까 생각합니다.

지산지소(地産地消) 운동

한국, 일본, 중국은 쌀이 주식이며 이를 재배하고 소비하는 방법도 엇비슷하다. 그래서 농어촌이 가지고 있는 고질적인 문제점도 그만그만하다. 그중에서도, 인정하기는 싫지만, 일본과 한국은 그 모양새가 가장 비슷하다. 농업 소득, 인구 저하, 삶의 질, 고령화 등 셀 수 없을 정도의 많은 문제점이 서로 교차한다. 그런데 일본은 사실 이런 문제들을 아주 오래전부터 정면으로 마주하며 적극적으로 해결책을 모색해왔다.

알다시피 일본은 우리와 복잡한 역사적 이해관계를 가지고 있으며, 최근 들어서는 국가 간 반목이 심해지고 있다. 개인적으로도 일본의 최근 행태는 분노할 수밖에 없는 상황을 만들어 내고 있다. 하지만 그들은 우리가 지닌 문제를 먼저 풀어나가고 있는 나라이기도 하다. 정치적으로는 우리와 비교해 그다지 높은 수준이라 말할 수 없지만, 적어도 농어촌 문제를 해결하려는 의지와 정책만큼은 앞선 것도 사실이다.

현재 일본에는 지산지소(地産地消) 운동이 펼쳐지고 있다. 지산지소는 신토불이 운동의 지역 버전이라고 할 수 있다. 한마디로 '지역에서 생산한 농산물을 지역에서 소비하는 것'을 기본으로 하는 농촌지역 활성화 운동이다. 이는 일본 정부가 내세운 제6차 산업화법의 핵심이다.

이 법의 목적은 '농림어업종사자 등이 지역자원을 활용한 신사업을 창출하게 하고, 이와 관련한 지역 농림수산물의 이용 촉진에 관한 다양한 시책을 종합적으로 추진함으로써 농림어업 등의 진흥책 도모 및 식량자급률 향상에 기여하자는 것'이다. 언뜻 어려운 말일 수 있지만, 쉽게 풀어서 말하자면 한마디로 '돈이 되는 농어촌 시책'이라는 뜻이다.

일본은 그 목적을 달성하기 위해 첫째, 지역자원을 활용한 농림어업자 등에 의한 신사업을 창출하자는 것과 둘째,

지산지소 지역의 농림수산물 이용을 촉진하자는 것을 전면에 내세웠다. 이에 따라 지산지소 운동은 일본 농촌정책의 주요 슬로건이 되어, 현재 일본의 주요 농산어촌과 인근 도시에서 매우 활발하게 전개되고 있다.

내용은 매우 간단하다. 가장 높은 품질의 농수산품은 지역에서 가장 먼저 소비하고, 기타 잉여산물을 지역 외로 반출하자는 것이다. 이것은 생각보다 효과가 높은 운동이다. 신선한 농수산물을 제공하는 동시에 지역의 식량 자급률을 높일 수 있으며, 지역경제 활성화에 긍정적인 영향을 미칠 수 있기 때문이다. 우리나라도 지난 1986년 우루과이 라운드 이후에 외국 농산물의 관세가 낮아지면서 농산물을 살리자는 취지의 슬로건으로 신토불이 운동을 펼쳤던 경험을 갖고 있다.

하지만 지산지소 운동은 처음에 신토불이 운동이 그랬듯 슬로건에 그칠 확률이 높았다. 농어민들이나 농촌운동가들 몇몇 활동만으로는 이런 운동의 효과를 높일 수 없기 때문이다. 일본은 그런 문제에 주목했고, 이어 각 지자체들의 관심 유도와 적극적인 정책 혹은 대안 마련에 나섰다. 지역 내 학교나 산업체 등 급식에 필요한 식자재를 지역 농수산물로 대체할 수 있는 정책 등을 수립한 것이다.

예를 들어 오이타현에서는 지역 생산품의 지역 내 소비 확대를 통한 소비자와 생산자가 상호 대면할 수 있는 관계 구축을 위해 애쓰고 있다.

구체적으로 소비자단체, 유통업계 등과 연대를 통한 지산지소 운동의 보급 정착을 위해 힘쓴다. 또, 학교급식, 복지시설에서의 지역산 식재료의 이용 등 지역산품 소비 확대, 먹거리교육 자원봉사자나 교육기관과의 연대에 의한 식육(食育, 음식 교육) 등의 사업을 추진하고 있다(후쿠오카 영사관 홈페이지 참조). 일본 쿠마모토 시내 유명한 호텔의 경우 스스로 지산지소 정책에 참여하기 위해 호텔 내 레스토랑에 슬로건을 붙이고, 제공되는 음식물에 쿠마모토산 농수산품을 사용하고 있다는 것이다.

또한 2000년대 JA(일본 농협)가 참여한 이후에는 정부 차원의 지산지소도 추진되고 있다. 일본 정부가 나서서 지난 2008년 학교급식법을 개정, 학교급식에서 지역 농산물을 활용하도록 한 것이다(다음 백과사전 참조). 일본뿐만이 아니다. 서구에서도 이런 운동이 펼쳐졌다. 로컬푸드 운동[1]과 그 운동에 적극적으로 참여하는 로커보어 활동 등이 바로 그것이다.

실제로 프랑스 등 일부 국가에서는 식품의 생산에서부

터 소비자의 섭취까지 이르는 거리를 뜻하는 '푸드 마일리지(Food Mileage)'를 환경지표의 하나로 사용하고 있다. 일본 역시 레스토랑이나 마트 등의 상품에 푸드 마일리지를 표기하는 '푸드 마일리지 캠페인'을 지난 2005년부터 시행 중이다. 여기에 로컬푸드만을 소비하는 로커보어가 늘면서 이들을 대상으로 하는 마케팅도 등장하고 있다.

미국에서 운영 중인 홀푸드마켓(Whole Foods Market) 등 전문 유기농 유통업체가 대표적인 사례이다. 또 영국의 유통업체인 테스코(Tesco)의 경우 지역 내 소규모 채소 재배 농가와 연계하여 농산물을 판매하는 시스템을 도입·활용하고 있다(다음 백과사전 참조).

일본 역시 비슷하다. 일본 오이타현 아지무 마을에는 '후레아이 판매점'이라는 곳이 있다. 일본 JA에서 운영하는 농수축산물 종합 판매센터라고 할 수 있는데, 우리의 '하나로마트'와는 그 성격이 아주 다르다. 이곳에서는 지역에서 나는 생산물과 그 가공품들을 위주로 농민들이 직접

---

1) 로컬푸드 운동이란 지역의 식재료 사용을 장려하는 운동이다. 로컬푸드는 장거리 운송을 거치지 않아 신선하게 소비할 수 있으며, 지역의 농수산업 등을 활성화한다는 장점이 있다. 또한, 식품의 이동거리가 짧아지면 운송에 들어가는 연료 사용이 줄어 이산화탄소 배출량을 줄일 수 있다.

가격을 책정하고, 납품한다. 이곳의 역할은 납품된 생산물의 포장과 판매에 한정되어 있다.

또한 쿠마모토현 아소시에는 NPO 법인인 '아소전원박물관'이라는 곳이 있다. 박물관이라는 이름이 붙었다고 해서 우리가 알고 있는 그런 박물관을 상상하면 안 된다. 아소전원박물관은 아소 지역 사람들의 삶과 그곳에서 생산되는 농산품, 지역 특산물 등을 소개하고 판매하는 동시에 여행객들을 위한 휴식처 역할을 담당하고 있다. 이 박물관에서는 아소역을 중심으로 '미치노에키'라는 특이한 마켓을 운영하고 있다. 우리말로 '길 위의 역'쯤 된다. 아소역 바로 옆 한 건물을 마켓 겸 여행자들을 위한 편의 공간으로 활용하고 있는데, 이곳 마켓에서는 아소 지역에서 생산한 농산품과 그것을 가공한 식품만을 취급한다. 그럼에도 불구하고 현재 다른 지역에서 일부러 찾아올 만큼 성황을 이루고 있다.

사실 지역 농산물 판매점인 '미치노에키'는 정부 기관이 설립하고 지원한 곳이기도 하다. 행정이 자본을 투입한 일종의 회사라고 할 수 있다. 각 지방의 시도가 설립 비용의 50%를 부담했다. 이런 '미치노에키'는 일본 전국적으로 약 1,160개소가 만들어져 있다. 아울러 '미치노에키'는 국도 휴게소 개념이기도 하다. '농어촌'을 연결하는 주요 거점으로서 '국도'를 상정하고, 이를 통해 지역재생에 공헌하고자 설립된 것이다.

이곳에는 주변 농가들이 소규모로 생산한 농산품 및 생산품들을 직접 납품하고 판매하는 형태로, 상당 부분 위탁하여 운영되고 있다. 지역의 소규모 농산물 생산자들이 등록하여 직접 세척, 포장, 납품 및 반품의 과정을 책임지며, 판매장에서는 제품의 판매와 관리를 책임진다. 가격은 전적으로 납품 농가에 의해 결정되며, 납품 물품의 반품도 농가가 직접 담당한다.

또한 '미치노에키' 대부분은 식당을 겸업하며 지역 농산품을 이용한 음식을 만들어 판매하고 있다. 농가 레스토랑 형태로 운영되는 식당도 있다. 유통구조의 혁신으로 물류비로부터 자유로워 농가의 소득 증대에도 큰 영향을 주고 있다. <전남대 호남학 연구원 답사팀> 자료 참조

쿠마모토현 아소시에는 아소역을 중심으로 '미치노에키'라는 특이한 마켓을 운영하고 있다. 우리말로 '길 위의 역'쯤 된다. 이곳 마켓에서는 아소 지역에서 생산한 농산품과 그것을 가공한 식품만을 취급한다. 그럼에도 불구하고 현재 다른 지역에서 일부러 찾아올 만큼 성황을 이루고 있다.

농어촌의 안정이 먹거리의 안전

　신토불이라는 말이 있다. 누구나 알다시피 몸과 땅은 둘이 아니라 하나라는 뜻이다. 우리 땅에서 자란 농산물이라야 체질에 맞는다는 이야기로도 쓰인다. 이 신토불이라는 단어를 입안에 굴리다 보면 옛 생각이 절로 난다. 시골 마을에서 농사는 돈벌이보다 가족들을 굶기지 않으려고 시작한 일이었다. 가가호호마다 작게라도 작물을 길러냈다. 없으면 빌려서라도 했던 게 농사다. 먹고 남으면 그때야 장터에 내다 팔았다. 말하자면 농업은 자급자족의 수단이었다.

　하지만 급격한 산업화를 지나며 한국 사회는 격변했다.

도시로 떠나는 이들이 늘며 농업인들도 눈에 띄게 줄었다. 그 결과 2017년 기준 농림어업인구는 전체 인구의 4.9%에 불과했다. 황량해진 농촌마을에는 일평생 농사만 지어 온 노인들만 남아 논과 밭을 일구고 있다. 과거와 달라진 것이 있다면 기술 또한 매우 발전했다는 거다. 각종 농기계와 농약은 과거보다 적은 인원으로도 훨씬 효율적인 농사를 지을 수 있게 만들었다. 자급자족에 머물렀던 농업이 산업의 냄새를 풍기게 된 것이다. 동·서양을 막론하고 문명의 시작을 열었던 농업은 이제 반도체나 나노 기계 같은 최첨단 산업들과 경쟁해야 살아남을 수 있게 됐다.

그런데 자본주의의 미덕 중 으뜸이라 할 '가성비'로 따져 본다면, 농업이 특수를 누리기는 힘들어 보인다. 오늘날 침체해가는 현실이 보여주듯 말이다. 시대가 변하니 어쩔 수 없는 것 같지만 농업의 쇠퇴는 사실 심각한 문제다. 2017년 기준 한국의 식품 수급표를 들여다 보면 자급률(칼로리)이 38%로 식품 수급표를 처음 작성하였던 1962년 이후 가장 낮은 수준이다(한국농촌경제연구원). 달리 말하면, 우리 국민 칼로리 소비량의 62%를 수입산 농산물로 때우고 있다는 얘기다.

식량안보 문제는 내버려 두더라도 값싼 외국산과의 경쟁

탓에 농가는 화학비료와 살충제, 연중 생산을 위한 인공적 방법 등 과거의 자연친화적인 모습과는 거리가 멀어지고 있다. 비용을 절감하고 이윤을 극대화해야 하는 자본주의 시장 논리의 결과가 무엇인지 우리는 이미 여러 방면으로 목도하고 있다. 농업의 산업화 또한 자칫하면 먹거리 안전성 문제로 이어질 수도 있다는 것이다.

이미 타 국가들은 문제의 심각성을 알고 오래전부터 국가 차원의 '푸드플랜'을 만들어서 추진 중이다. 노르웨이가 1975년에 시작해 상당히 앞선 편이고 프랑스와 영국, 일본 등 선진국들도 2010년부터 실행하고 있는 중이다. 식량 공급의 안정화, 건강한 식습관 형성 등이 내용이다. 핵심은 국내생산에 대한 소비촉진과 국가식품 자급률의 강화다. 국가가 농업을 지원하고 관리함으로써 먹거리 안정성과 산업의 계승을 책임진다는 것이다.

한국에서도 움직임은 일기 시작했다. 국가 차원의 경우, 지난 2017년 문재인 정부가 출범하면서 밝힌 '국정운영 5개년 계획' 속에 푸드플랜이라는 단어가 등장한다. 정부는 지난 2018년 4월에야 전문가로 실무단을 꾸리고 '국가 먹거리 종합전략' 안을 내놓은 상태다.

아직 농업이 명맥을 잇고 있는 전남은 이 기회를 놓쳐서

는 안 된다. 정부의 계획에 뒤처지지 않고 보폭을 맞춰나
갈 수 있도록 미리 준비해야 한다. 농촌과 농업의 안정이
먹거리 안전으로 이어진다는 사실을 적극적으로 알리고,
시민들이 지역 농산품을 애용하도록 이끌어야 한다. 신토
불이의 부활이 다가오고 있다. 나아가 농촌을 살리기 위해
서는 소비자를 위한 영양표시제의 적극적인 활용이 매우
시급하다.

오늘날 대다수 소비자는 대형마트나 소매점에서 포장된
형태의 농식품을 구매하고 있다. 이들은 직접 생산하는 사
람들이 아니다 보니 생산·유통업자와 필연적으로 정보의
격차를 지니게 된다. 같은 제품을 두고도 여러 브랜드가
있어 어떤 때는 혼란스럽기도 하다. 그래서 조금 더 알려
진 브랜드를 선택하거나 가격이 싼 것을 집어가는 등 사람
마다 선택의 기준은 다를 것이다.

특히 농식품은 본인 또는 가족의 건강과 직결되는 문제
인데도 영양소 하나하나를 따져가는 식의 선택은 쉽지 않
다. 소비자가 겪는 정보의 격차를 줄이기 위해 이른바 '영
양표시제도'가 시행되고는 있지만 실제 이용률은 28.2%에
그치는 실정이다(한국농촌경제연구원). 신선식품의 경우
관련 표시제도가 아예 없다. 표시정책의 변화가 필요하다.

현재 우리나라에서 시행 중인 식품선택 관련 정책으로는 앞에서 언급한 '영양표시제도'와 '나트륨 함량 비교 표시제도', '어린이 기호식품 품질인증제도' 등이 있다. 먼저 영양표시제도는 소비자들에게 제품이 지닌 영양적 특성을 제공함으로써 건강한 식품선택을 할 수 있도록 돕는다. 영양성분을 통해 함량을 표기하고 있으며, '칼슘 함유' 등 제품의 특성을 강조해 표시하기도 한다. 나트륨 함량 비교 표시제는 성분의 함량과 함께 국내 매출액 상위 5개 제품의 평균 나트륨 함량을 비교한 비율(%)을 제공한다. 영양성분에 민감한 어린이들의 건강을 위해 도입된 어린이 기호식품 품질인증은 안전과 영양, 식품첨가물 등 크게 3가지 기준을 통과했을 때 부여된다.

보통은 깨알 같은 글씨로 일반인들은 잘 알지 못하는 성분들이, 가늠조차 어려운 측정 단위를 달고 줄줄 이어져 있다. 소비자에게 정보를 전달하기 위한 것이라기보다 시중에 유통될 수 있도록 성분표시라는 절차를 따르는 수준으로 여겨진다. 없는 것보다야 낫지만, 소비자는 불친절한 제도라고 생각할 수 있다.

건강한 식품선택을 위한 표시정책은 경제협력개발기구(OECD) 회원국이나 세계보건기구(WHO) 등 국제기구에

서 활발한 논의가 이뤄지고 있는 관심 주제다. 큰 틀에서
방향성은 '건강한 식품선택의 유도'에 맞춰져 있다. 기계적
으로 성분표시를 하는 것이 아니라, 소비자들이 더 쉽고
현명하게 질 좋은 제품을 고를 수 있게 안내할 수 있어야
한다는 의도가 깔려있다. 독일의 경우 원그래프를 사용해
식품의 열량과 당, 지방, 포화지방산, 식염 등의 1일 섭취량
함량을 시각적으로 보여주고 있다. 프랑스는 녹색과 연두
색, 노란색, 주황색, 빨간색 등 5가지 색상과 A부터 E까지
마크를 통해 제품의 종합적인 영양 품질을 단계적이고 누
구나 알 수 있게 만들어서 보여준다.

　소비자를 위한 친절한 표시정책은 국민의 안위를 책임
지는 정부와 각 지자체의 당면한 과제다. 알아보기 어렵고
빈약한 정보의 나열은 접어두고, 누가 보더라도 눈에 잘
띄는 위치에, 한눈에 제품의 질을 가늠할 수 있게 해야 한
다. 스마트폰 등 IT 기술을 접목하면 공간과 시간에 구애
받지 않고 훨씬 더 풍부한 정보를 제공할 수 있다. 중요한
것은 문제에 대한 인식과 변화를 이끌 우리의 의지다.

드론과 빅데이터가 농업을 바꾼다

　정보통신기술(ICT)의 융합으로 이뤄지는 차세대 산업혁명을 4차 산업혁명이라 한다. 빅데이터는 그중에서도 핵심요소로 꼽히고 있다. 쏟아지는 데이터를 실시간으로 수집해 저장하고 활용도에 따라 분석하는 모든 작업 과정이라고 보면 되겠다. 이 빅데이터는 현재 우리 사회 각 분야에 빠르게 퍼져 제 역할을 톡톡히 해내고 있다.

　생소하겠지만 선진국에서는 농업·농촌분야에서도 빅데이터가 요긴하게 쓰이고 있다. 빅데이터를 이용해 현재 혹은 미래를 예측하거나 최적화된 의사결정을 이끌어내고 있는 것이다. 주로 농업생산과 경영, 관리, 서비스, 정책 등에서 유익한 결과물들이 나오고 있는 상황이다.

멀리 볼 것도 없다. 대표적인 사례가 대한민국의 '스마트 팜'이다.[1] 이미 지난 2014년부터 보급사업을 시작해 2018년 기준 시설온실 4,510ha와 스마트축사 1,350개 소가 만들어졌다. 오는 2022년까지 시설원예 7,000ha, 축산농가 5,750호에 보급을 이어나간다는 목표다. 스마트팜 관련 빅데이터는 현재 농림수산식품교육문화정보원에서 맡고 있다. 스마트팜 농가를 대상으로 수집한 생육·환경 정보를 빅데이터화해 2016년부터 포털서비스를 통해 제공하고 있다.

수집되는 데이터의 종류와 양은 어마어마하다. 온도와 습도, 강우, 풍향, 풍속, 일사량, 토양수분 등 기상과 관련된 것부터 관수, 병충해, 작업량, 투입비용, 생산량, 출하량 등 경영 내용까지 담긴다. 여기에 전국 도매시장 유통량과 가격정보, 날씨정보, 해외 스마트팜 빅데이터 등 유관정보까지 연계시켜 밀도 높은 분석 데이터를 형성한다. 우수농가의 데이터는 또 다른 스마트팜 농가의 조건에 적용해 생산성을 높이는 개선방안을 제시하는 식으로 활용되고 있다.

하지만 활용도가 높은 기술이지만 현실적인 한계도 있

[1] 스마트팜이란 비닐하우스·축사에 ICT를 접목하여 원격·자동으로 작물과 가축의 생육환경을 적정하게 유지·관리할 수 있는 농장

다. 워낙 방대한 데이터를 다뤄야 하는 까닭에 중소기업 등 비교적 규모가 작은 민간기업에는 부담이 크다. 예전에 축적된 공공데이터의 경우 데이터 구조와 포맷 등이 달라 표준화에 대한 요구도 나온다. 빅데이터 수집과정과 활용에 있어 개인정보 유출에 대한 부정적인 인식도 해결해야 할 숙제 중 하나다.

다행히 정부는 벌써 이 같은 약점들을 극복하기 위한 시도에 나섰다. 농림축산식품부와 농림수산식품교육문화정보원은 공공데이터 등을 기반으로 활용과 분석이 지원되는 민·관 공동활용 기반구축을 추진하고 있다. 농업·농촌 분야별 데이터를 축적하고 표준화시켜 빅데이터를 유익하게 활용할 수 있는 '농식품 빅데이터 플랫폼' 구축이 목표다. 이제 농업도 첨단기술의 접목을 통해 높은 경쟁력을 갖추게 되는 시대가 올 것이다.

또한 드론을 활용하여 3차원 농경지 지도를 비롯한 농작물 수량·생육지수·잡초식별·토양상태 등 다양한 자료를 수집하고 분석할 수 있는 수준에 도달했다. 농업용 드론은 전 세계적으로 유망기술 분야에 선정되고 있으며, 정밀농업관련 시장은 1.5배 이상 성장할 전망이다. 또 이를 통한 생산성 향상도 현실로 나타나고 있다. ICT 융합 기술을 적용한 농경지 관측기술은 이제 막 출발선에 올랐다.

농촌진흥청 국립농업과학원은 드론을 활용한 농경지 관측 및 현장 적용 기술개발을 위해 2021년까지 채소 영농단계별 정보제공을 위한 드론 활용체계 구축을 목표로 연구를 시작했다. 특히 농업관측에 드론을 적용하기 위해서는 촬영시기, 해상도, 관측주기의 선정 등 드론의 운영과 관련된 일련의 사항들에 대한 신중한 검토가 필요하다. 향후 드론의 농업관측은 현행 농업관측 결과를 활용하기보다는 다양한 관측결과를 동시에 활용해야 한다. 생산된 다양한 공간정보를 모으고 필지·시기별 비교 및 효율적인 제공 서비스를 위해 지리정보시스템(GIS) 기반의 공간정보 기술 구축에 관한 연구가 선행돼야 한다.

스마트농업 시대는 현장을 충분히 경험하고 또 무엇이 필요한지 아는 사람들이 나서서 새로운 농업시대를 열어야 한다. 이론만 요란한 빅데이터나 IT 이론은 정작 농업 현장에서는 쓰레기 취급을 당할 수도 있기 때문이다.

요즘에 다들 ICT의 활용성을 외쳐대지만 이를 배울 환경과 또 고령자들에 대한 맞춤형 지식 전수, 여기에 젊은층 유입을 위한 바탕 마련 등 정부가 생각하지 못한 지역의 현실들이 쌓여 있다. 이는 정치인들이 적극적으로 나서서 해결해야 하고, 또 예산을 확보해야 한다. 전남에 4차 산업의 혁명을 불러일으키려면, 외치기만 해대는, 행동 없는 구호는 도움이 안 된다. 미래를 보고 지금을 준비하며, 서서히 그러나 단호한 변화를 준비해야 한다.

자, 이제 우리도 기업들의 농촌 진출을 꿈꿀 시간이 됐다. 현재 국내에서 IT기업의 농업부문 진출은 출발선에 있다. 당연히 국내 기업의 미숙함으로 인해 해당사업의 실패, 그리고 농민과 지역사회에 손해를 끼칠 수 있다는 점을 고려해야 한다. 우리 정부는 이에 대비해 관련 법들과 정책을 만들고, 이를 관리·감독하는 토대를 만들어야 한다. 그런 다음 보다 적극적으로 기업의 농촌진출을 지원하도록 해야 하는 것이다.

또한 지역민들이 4차 산업에서 소외되지 않도록 세심한 배려를 해야 한다. 농촌과 4차 산업을 연결하는 수많은 연구서적과 미래진단 보고서가 나와 있지만, 정작 농업인 중에서 이를 아는 사람은 얼마나 되는가? 지자체와 전문가, 그리고 정치인들이 지역민들과 함께해야 한다. 할 일은 해도 해도 끝이 없다. 특히 1차 산업은 더욱더 그렇다.

지역민들이 4차 산업에서 소외되지 않도록 세심한 배려를 해야 한다. 농촌과 4차 산업을 연결하는 수많은 연구서적과 미래진단 보고서가 나와 있지만, 정작 농업인 중에서 이를 아는 사람은 얼마나 되는가?

제3장
다원적 기능중심,
관광산업이 성장동력

서남해안 관광산업, 성장동력으로 만들 때

해외소비 10% 국내전환 시
부가가치 2.5조 원, 고용 7.3만 명 효과

지난 2018년 7월 한국경제연구원에서 발표한 우리 국민의 해외소비 동향을 살펴보면 내수의 큰 축인 가계부문 국내소비 증가는 정체된 가운데 해외로 유출된 해외소비 증가 속도가 가파르게 상승하고 있다는 조사 결과가 나왔다. 2011년~17년 가계의 해외소비 추이를 분석한 결과, 국내소비가 연평균 1.6% 증가하는 동안 해외소비는 연평균 10.1% 늘어났으며, 2011년 한 해를 제외하고 해외소비 증가율이 국내소비 증가율보다 급속히 늘어나고 있다.

2017년 한 해 동안 해외여행객은 2,649만 명인 반면 외국인 국내여행객은 1,333만 명에 불과했다. 우리 국민이 유학비를 제외하고 해외에서 쓰고 온 돈만 27조 원인 반면, 우리의 여행 수입은 13조 원으로 순수 여행수지만 들여다봐도 14조 원가량 적자다.

무역수지 적자에 비해 여행수지 적자는 서비스업과 관련한 고용에 미치는 영향이 상대적으로 크다. 해외소비 증가는 상당 부분 소득수준 향상과 환율에 따른 자연스러운 현상으로 볼 수 있다. 그러나 여행수지 적자 규모가 지속적으로 확대되고 있는 점은 대체 관계에 있는 국내여행 산업과 해외여행 산업 간 경쟁력 차이에 따른 국내외 소비자들의 선택 결과이며, 이는 갈수록 심화되어가고 있는 내수 부진의 원인 중 하나일 수 있다.

우리가 관광산업과 관련 내수시장의 활력을 불어넣기 위해서는 근본적으로 더 많은 외국인 관광객의 선택을 받도록 국내 관광산업의 경쟁력을 높이고 마케팅을 확대하는 것이 시급한 실정이다. 단기적으로는 우리 국민들을 대상으로 해외소비를 국내로 돌리는 방안도 함께 할 필요가 있다.

이웃 일본은 정부의 과감한 관광지원책과 규제개혁으로 여행수지를 7년 만에 적자에서 흑자로 돌려놨다(물론 2019년 7월부터 한국의 불매운동으로 타격이 오고는 있다). 볼거리를 만들고, 바가지요금을 없애고, 숙박시설을 깨끗하게 단장하고, 지역특화상품을 개발해서 외국 관광객들의 만족도를 높였던 결과이다. 천편일률(千篇一律)적인 먹거리와 관광상품, 바가지요금, 불결한 숙박시설로는 해외관광객은 물론이고 국내관광객을 다시 불러올 수 없다.

우리나라도 정부가 나서야 한다. 열악한 재정적 어려움을 겪고 있는 지방자치단체나 민간에 관광산업을 맡겨 둘 일이 아니다. 전문가들은 해외소비 10%만 국내소비로 전환하더라도 부가가치가 2조5천억 규모이며 고용 효과는 7만3천여 명을 기대할 수 있다고 한다.

갈수록 고용지표가 악화되고 있다. 여러 단기적 처방도 중요하지만 장기적으로 내국인의 소비성향을 바꿔나가 내수 경기를 진작시키는 관광산업분야에서 한국형 뉴딜정책이 나와야 할 때이다. 과거 김대중 정부 시절 지역관광학계에서 관광자원이 풍부한 서남해안 섬들을 세계적인 수준의 관광단지로 조성하자는 의견이 제시되었지만 IMF 극복 등 다른 현안에 밀려 실현되지 못했다.

지금이라도 국가적 차원에서 중앙정부와 지자체가 머리를 맞대고 국내 및 외국인 관광수요를 충족시킬 수 있는 과감한 투자를 통해 여행수지 적자를 바꿔나가 국내 경기에 활력을 불어넣을 수 있는 계기가 되기를 간절히 바라는 마음이다. <전남도당 당보 기고문>

전남 중남해안 관광허브 전략

대한민국 중남해안이라는 표현을 들어 본 사람은 그다지 많지 않을 것이다. 혹자는 되려 "중남해안이 있어? 어디야?"라고 되물을 수도 있다. 맞다. 중남해안이라는 말은 새로 탄생한 말이다. 그것은 그동안 소외된 지역인 전남중부남해안의 변화를 통해 새로운 발전전략을 모색해 보고자 하는 의지의 표현이다.

그동안 전남권은 과거 광주광역시가 포함되었던 시기에 3권역으로 발전계획을 세워 지금까지 이르고 있다. 3권역은 광주, 목포, 순천이다. 이렇다 보니 전남 중부남해안 지역에 위치한 고흥, 보성, 장흥, 강진지역은 상대적으로 개발

지역에서 소외될 수밖에 없었으며, 그 결과 인근 도시지역에 많은 인구를 유출하는 지역으로 전락했다.

실제로 1970년대 초만 해도 고흥, 보성, 장흥, 강진 인구는 50만 명을 육박했으나 산업화 과정에서 수도권 등 대도시로 인구가 끊임없이 유출되면서 지금은 4개 지역 전체인구를 합쳐도 18만 명을 약간 상회할 뿐이다. 이대로 가다가는 전남의 몇 개 도시를 제외하면 과연 몇십 년 후에 살아남을 지역이 과연 있을까 싶을 정도다.

그렇다고 농어촌을 포기할 것인가? 그것은 불가능한 일이다. 농어촌이 없는 대한민국은 존재할 수 없기 때문이다. 결국은 농어촌을 존치시키는 방안을 찾아야 한다. 소득을 높이고 행복감을 만끽할 수 있는 곳으로 변화시켜 떠났던 사람들이 다시 돌아올 수 있게 만들어나가야 하는 것이다. 그러기 위해서는 전통적인 농·축·수산물 등의 생산물과 더불어 우리 지역이 관광산업을 새롭게 일으킬 수 있는 계기가 필요하다. 그 계기에 대해 이야기를 해보고자 한다. 일단은 부산, 거제도, 통영, 남해, 여수지역을 찾는 관광인구를 전남 중남해안권 지역으로 유입할 수 있는 관광벨트를 형성해야 한다.

이를 위해 첫째로 전제되어야 할 것이 바로 여수~고흥

연륙연도교의 개통과 이에 대한 대응전략 수립이다. 2020년 말 여수 화양~고흥을 잇는 7개의 연륙연도교가 개통되면 남해안의 새로운 랜드마크로 자리매김할 수 있다. 이 시점에서 고흥은 관광과 지역경제 측면에서 위기와 기회를 동시에 맞게 될 것이다.

자본과 사람이 스쳐 지나가도록 방치할 것인가, 머물다 가도록 대비할 것인가 선택의 기로에 서게 되는 것이다. 당연히 고흥군의 역량이 중요한 시점이라고 할 수 있다. 전국대회 몇 개를 개최하고 고흥 특산품 몇 가지 파는 형태에 만족해서는 안 된다. 더욱이 현재로서는 쉴 곳과 잘 곳, 먹을 곳이 마땅치 않다.

무엇을 어떻게 준비해야 할까. 고흥은 영남면에서 고흥만 간척지를 잇는 해안과 바다라는 천혜의 자원을 보유하고 있다. 이것을 발전시켜야 한다. 참고할 곳도 있다. 모기가 득실거리는 습지대 불모지에서 세계적인 관광지로 변모한 프랑스 남서부 해안의 랑독 루시앙 개발사례가 그것이다.

간략히 정리하면 몇 개의 거점을 선정해 집중적으로 개발하고 각 거점을 연계하는 방식이다. 이것을 고흥에 적용하면 우선 해안선을 따라 거점을 두세 개 선정해야 한다.

남열지구와 고흥만 지구가 핵심 거점이다. 두 곳에는 호텔, 콘도, 빌라 등 고급숙박 시설과 골프코스, 소규모 요트 계류장, 승마장 등 스포츠 시설을 집중 배치해야 한다. 더불어 천경자미술관 건립도 다시 추진해야 한다.

민간투자를 끌어들이고 공기가 맑은 곳을 이용하여 주거단지를 만들어나가는 것이 필요하다. 녹동 구항에는 큰 규모의 마리나 시설을 개발하고, 인근 도시와 연계시켜 나가는 계획을 수립하는 것이 좋다. 이 과정에서 정부의 지원과 함께 각종 혜택을 주어서라도 지자체가 나서서 민간투자를 유도하는 방향으로 추진력을 발휘해나가야 한다. 이러한 전략은 고흥뿐만 아니라 타 지역도 마찬가지로 적용될 수 있을 것이다.

둘째로는 고흥 녹동~득량도~장흥을 잇는 연륙교가 반드시 필요하다. 이는 국도 77호선 변경을 통하면 가능한 일이다. 이 연륙교가 만들어진다면 고흥, 보성, 장흥 득량만권과 강진을 잇는 관광벨트가 새롭게 형성되는 계기가 될 것이다. 그동안 보성, 장흥, 강진은 서남해안을 중심으로 L자형 관광객들이 유입되었는데 이 다리가 놓이게 되면 남해안 동부권 관광객들을 유치할 기회를 만들 수 있다.

고흥 역시 윈윈이다. 서남해안의 관광객을 유입할 수 있는 호기를 맞게 되기 때문이다. 이는 곧 고흥, 보성, 장흥, 강진이 관광산업을 통해 서로 시너지를 일으키며 발전할 수 있는 인프라가 구축된다는 것을 의미한다. 보성은 기존의 녹차밭과 율포해수욕장을 중심으로, 벌교는 태백산맥문학관과 꼬막을 통해 많은 관광객들이 꾸준히 찾고 있는 지역이다. 2017년도에만 766만 명의 관광객들이 다녀갔다.

앞으로 교육공무원 휴양시설이 들어설 회천지역은 율포단지와 연계되고 특히 장흥, 득량도와 아주 가까운 곳이기 때문에 연륙교가 이어지면 관광시너지 효과는 더욱 커지게 될 것이다. 또 호남의병의 본고장으로서 안규홍 안담살이 대장, 모의장군 최대성 등을 테마로 한 역사공원 등도 새롭게 관광상품으로 만들어 전국 학생들의 수학여행 코스로 만들어나가야 한다.

벌교에 대해서도 짚고 넘어가자. 벌교는 과거 교통의 요충지였다. 이 지리적 특성을 살려 전남대병원 분원과 같은 시설과 의료진이 갖춰진 공공 응급센터가 유치되어 인근 농어촌의 응급환자들이 30분 이내에 골든타임을 놓치지 않도록 거점 국립병원이 들어서면 어떨까?

장흥의 경우 정남진이라는 지리적 특성과 축산업 중심지로서 한우직판장이 집적화된 토요시장과 편백숲의 우드

랜드가 있어 이미 많은 관광객을 불러들이고 있지만 마찬가지로 체류형 관광객을 불러들이기엔 아직도 열악한 상황이다. 장평-장흥 간 4차선 확충으로 접근성을 강화시켜야 한다.

장흥은 조선 8대 문장가였던 백광홍, 그리고 현대에는 이청준과 한승원, 송기숙, 이승우 등의 문학인들을 배출한 특출한 고장이기에 한국문학 관광기행 특구로서 구 교도소 부지를 활용한 문학 등 복합문화 체험 1번지로 만들어 나갔으면 한다. 제2의 현대적 토요시장이 필요하다는 여론도 비등한 상황이다. 억불산과 사자산자락을 이용한 승마장 등 휴양시설, 호남 5대 명산 천관산의 89암자 터를 이용한 힐링코스와 휴양시설 등도 새롭게 들어서야 한다. 자생차 청태전도 국내외로 마케팅이 필요하다.

특히 용산의 백자 출토지는 강진청자와 더불어 새로운 체험 관광단지로 시너지효과를 내고 소득자원으로도 충분하다. 동양 3보림 중 하나인 가지산 보림사도 적극 활용해 경남권의 관광객들을 유치하는 전략도 필요하다. 또 관산 우산도를 테마형 관광지구로 만들어 인근 금당8경 절경의 거점으로서 역할을 할 수 있도록 하는 것도 장흥의 미래를 위해 계획해야 한다.

강진은 또 어떤가. 청자 축제라는 킬러 콘텐츠가 있고 다산초당, 가우도, 김영랑 생가 등이 있어 많은 관광객이 찾고 있으며 대한민국 문화답사 1번지라는 멋진 별칭도 있다. 현재 추진 중인 국립청소년문화예술회관 건립 등이 이루어진다면 청자도시로서 강진은 하나의 박물관 벨트를 만들어나가는 전략을 구축할 수 있다. 마량미항을 새롭게 거듭나도록 만들어가야 하고 수산물가공 등 고소득 전략품을 개발해나가야 한다.

아울러 내년 2월경 착공 예정인 까치네재터널이 개통되고 작천나들목이 만들어지면 강진 동북권 접근성이 용이해질 것이다. 병영성안을 어떤 콘텐츠로 채워 넣어 관광객들을 불러 모을 것인지 지혜를 모아야 한다. 여기에 작천 상당리 일원의 라벤더 공원을 더 내실 있게 조성하고 볼거리와 소득사업으로 연계하는 것도 모두가 힘을 보태야 가능한 일이다.

장흥-고흥간 연륙교는 과거 지역민들에 의해서 추진되었다가 중단된 적이 있는 사업이다. 그러나 이 사업은 2019년 8월 더불어민주당의 정책페스티벌 사업 일환으로 지역 권리당원들의 정책토론회에서 장흥군 백광철 의원 등 당원들의 제안으로 투표를 통해 채택되었다. 이 연륙교가 건설되면 두 지역 간 접근성을 1시간 20분대에서 10분대로 단축하는 것도 의미가 있지만 득량만권 내 기존의 중남해안 관광자원을 하나로 묶어 체류형 관광거점 지역으로 만들어나가는데 매우 중요한 작용을 할 것으로 보인다. 하나가 뚫리면 새로운 큰 길이 열리게 되는 것이다.

전라남도 여수시 화정면 적금도와
고흥군 영남면 우천리를 잇는 팔영대교

국도 77호선 노선변경도(남해~여수~고흥~보성~장흥)

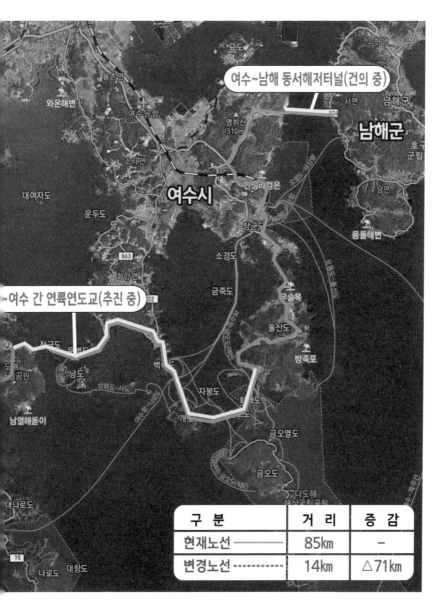

여수~남해 동서해저터널(건의 중)

남해군

여수시

여수 간 연륙연도교(추진 중)

구 분	거 리	증 감
현재노선 ———	85km	–
변경노선 ··········	14km	△71km

생산중심 농정에서
다원적 기능중심으로 재편

최근 미·중 무역전쟁으로 시작된 보호무역주의 확대는 FTA, DDA 등 농업 세계화에 큰 변화를 예고하고 있는 상황이다. 일단 '우리 것을 보호하고 남의 것은 관세를 더 붙이겠다'는 것인데, 이런 세계정세를 감안한다면 우리 역시 생산주의적 패러다임에서 탈피해 농업의 새로운 소득을 창출하기 위한 수단이 필요하다.

익히 알려졌다시피 대한민국의 농업은 공업처럼 산업화를 통해 성장해야 한다는 생산중심 정책을 추진해왔었다. 이를 위해 생산중심의 규모화, 전문화, 현대화 방식이 꾸준히 투입되어 왔다. 하지만 이런 고투입-고비용 영농시스템

방식은 21세기에 들어와 한계에 봉착했고, 결과적으로 실질 농업소득을 급격히 하락시키고 있다.

실제로 실질 농업소득이 2008년 1,121만 원에서 2018년 957만 원으로 감소했고 이는 2018년 도시근로자 가구 소득 대비 농가소득이 64.8%라는 참혹한 결과를 초래했다. 또한 농산물시장 개방과 대형 유통업의 가격 지배력으로 인해, 농산물 가격은 오를 기미가 없이 떨어져만 가고 있어 부채 농가는 연일 우후죽순처럼 양산되고 있는 실정이다. 어디 이뿐일까? 인구감소 및 고령화, 난개발, 농산물 수급 불안정 등의 고질적인 문제와 대규모 가축전염병, 기후변화로 인한 재해, 식품 위해성 문제 등 농업과 농촌의 일상은 그야말로 풍전등화의 연속이다.

이제는 방법을 바꿔야 한다. 농업·농촌의 지속가능한 발전을 위해 농업·농촌이 가진 다원적 기능에 주목해야 한다. 문재인 정부 공약에서도 농업·농촌의 다원적 기능을 강조하고, 헌법 조항으로 명문화하려고 시도하고 있는 것이 그 반증이다. 국제적으로 농업의 다원적 기능은 1992년 '지속가능한 개발에 관한 리우 선언(Rio Declaration on Sustainable Development)' 이후 정착되기 시작했다.

OECD에서는 다원적 기능을 '농업 부문이 식량 및 섬

유를 제공하는 본원적 기능에 더해 환경 보전, 경관 형성, 지역 사회 지속가능성 유지 등에 기여할 수 있다'고 정의하고 있다. 농업의 다원적 기능이 중시된 계기는 생산주의적 농업정책에 대한 반성으로 시작됐다. 농업의 생산성만을 추구한 농업정책의 비효율성과 환경적·사회적 침해가 대두되었기 때문이다. 그래서 농산물 생산 이외의 부가적인 기능을 찾게 됐고 이 과정에서 농업·농촌이 보유한 다양한 복합기능들이 재발견됐다. 즉, 농촌이 농산물을 생산하는 곳일뿐 아니라 관광이나 체험 등의 복합적인 역할을 할 수 있다는 것을 확인한 것이다.

이 같은 결론은 농업에 생산과 부가적 기능이라는 복합적인 기능이 존재한다는 점과 지역의 비농업 부문 활동을 포함한 다양한 활동이 가능하다는 것으로 직결되면서 전 세계적으로 다양한 형태의 창의적인 모델이 만들어지고 있는 상황이다. 예를 들어 유럽의 치유농업은 복지를 제공하는 돌봄 기능과 농업에 고용과 노동을 결합한 사회적 농장 기능이 동시에 추진되고 있다.

이런 케어팜(Care Farm)은 농장에서 힐링하고 즐기는 것 등으로 치유와 교육, 관광을 포함하는 것인데 네덜란드, 노르웨이, 벨기에, 스위스 등에서 정부 지원 하에 운영되고 있다. 농업의 역할이 치유농업으로 전환되고 있는 것이다. 케어팜은 농업과 농촌을 통해 육체적·정신적 건강 및 사회성을 회복하고 재활 훈련 등을 병행하는 것을 말한다. 이런 치유농업에 대한 국가별 지원정책을 살펴보면, 노르웨이는 정부 부처 통합위원회를 구축하고, 국가 재정지원을 통해 치유농업 학위과정 및 평생교육을 추진하고 있다. 네덜란드는 국가지원기관을 설립하고, 국민건강보험과 연계해 질 높은 관리체계를 운영하고 있다. 또한 치유농업법을 제정하고 치유농업 연구 프로젝트를 진행 중이다.

벨기에는 국가 및 지역 단위의 지원기관을 설립해 운영 중에 있으며, 치유농장 인정 방안을 마련하고 재정지원을 하고 있다. 독일은 400개 병원과 사회재활센터, 180여 개 커뮤니티, 약 500여 개 녹색 작업장에 적용하고 있으며, 건강보험 직업병 치료 항목에서 예산을 지원하고 있다. 효과도 상당하다.

치유농업의 대표국인 네덜란드는 1995년 50개 치유농장으로 시작하여 2015년 1,100개로 증가했다. 초기에는 민간 중심으로 시작되었으나 국가지원이 더해지면서 치유농업의 선도국가가 됐다. 농업을 통한 재활과 치유중심의 케어팜 모델로 치매노인, 장애인 등 사회적 돌봄이 필요한 사람들을 대상으로 국가가 케어비용을 지불함으로써 새로운 사회복지 서비스이자 농촌소득 보전의 대안으로 자리 잡았다.

벨기에는 그린케어 치유농장 시스템으로 사회복지 기관과 농장이 직접적으로 연계해, 공공기관과 농장의 장점을 접목한 서비스를 제공하고 있다. 매년 2,000명이 넘는 사람들이 정기적으로 치유농장을 이용하고 있고, 농민과 사회복지 기관을 연결하는 그린케어 지원센터를 운영하고 있다.

우리나라 역시 치유농업이 성공할 가능성이 높다. 농림축산식품부에 의하면 2020년 치유농업 잠재 수요자는 11만 7,000명에서 50만 8,000명에 달할 것으로 예상되고 있기 때문이다. 물론 이런 치유농업이 농촌지역의 새로운 소득원으로 활성화되기 위해서는 전문성을 갖춘 협동조합이나 사회적 기업의 역할을 필요로 한다.

하지만 우리나라는 사회복지시설이 대부분 도시 생활권에 입지하고 있고, 치유 목적보다는 단순치료 및 생활 위탁형으로 활용되고 있다. 농촌과 농업, 자연에서 이뤄지는 케어팜을 통한 사회서비스 효과가 높다는 것이 밝혀진 상황에서, 농산어촌 중심의 한국형 케어팜 모델을 체계적으로 만들어야 할 것으로 보인다.

그럼에도 일단 시작은 한 상태다. 강원도는 2017년 5월 국내 최초로 치유농업 육성 및 지원조례를 제정했다. 이 조례에는 치유농업 육성·지원 기본계획과 정책개발, 치유 전문 농민양성 계획을 담고 있다. 또한 전국 최초 치유농업 지도자 양성을 위한 전문교육 프로그램을 운영하고 있으며, 강원도 내 11개 농장이 참여하는 한국치유농업지도자 협동조합을 설립해 운영 중이다. 경상북도는 국비 504억 원을 투입해 국내 최초로 농업치유단지를 조성하고, 산림자원을 활용한 치유 프로그램을 운영 중이다.

치유농업의 정착 및 확산을 위해서는 지방자치단체별로 특화된 치유농업 육성 조례를 제정하고, 추진체계 구축 및 시설확대 지원이 가능하도록 기반구축이 선행돼야 한다. 또한 치유농업 전문인력 양성 및 치유농장 인증제도 마련, 홍보전략 수립 등 치유농업 실천을 위한 환경도 조성돼야 한다. 즉 교육 및 체험농장을 연계한 치유농장, 농업 및 농촌 자원과 연계한 휴양·치유마을 조성, 치유농장과 지역의료기관이 연계하는 재활서비스 모델 발굴 등 단계별 융·복합형 치유모델 도입이 필요하다는 것이다.

반대적 의미인 사회적 팜(Social Farm)도 눈여겨볼 만하다. 사회적 팜은 거동이 부자연스러운 사람이 농장에 고용되어 치유 및 소득창출을 동시에 추구하는데 주로 프랑스와 이탈리아에서 운영되고 있다. 사회적 팜을 좀 더 자세히 살펴보면 네덜란드는 장애환우에 대한 공적 서비스와 새로운 소득원이 있어야 하는 농가의 이해관계가 맞물려 농장을 통한 돌봄서비스를 진행하고 있으며 이탈리아와 프랑스는 일자리 지원과 같은 사회부문을 강조하고 있다. 독일은 국민 건강 부문을 강조하고 알코올 및 약물 중독자를 위한 재활시설로 농장을 활용하고 있다.

　이처럼 다기능 농업의 사회적 기능은 돌봄, 치유, 사회적 농업, 도시민과 공생 등 다양한 측면을 고려하고 있다. 우리나라도 2017년 농업의 공익적 가치를 헌법에 반영하기 위해 1,000만 서명운동이 추진된 바 있으나 농업이 창출하는 다원적 기능의 중요성을 국민들에게 인식시키고 공감대를 형성하기에는 부족하고, 정책 반영을 위한 노력이나 법적·제도적 근거는 상대적으로 열악한 상태다.

치유농업의 정착 및 확산을 위해서는 지방자치단체별로 특화된 치유농업 육성 조례를 제정하고, 추진체계 구축 및 시설확대 지원이 가능하도록 기반구축이 선행되어야 한다.

제3부

빛나는
코리아를
향한
도전

제1장
김승남이 바라보는
따뜻한 세상

'부용산' 그리고 '여순민중항쟁'

    2019년 7월, 벌교에서 벌교읍민회 주최로 '부용산 음악제'가 열렸다. 벌교는 소설 태백산맥의 시대적 배경이 되는 고장이며 해방 직후 우리 근현대사의 이념적 갈등과 아픔의 역사를 실제로 경험한 역사와 문화적인 고장이기도 하다. 벌교읍민회(회장 이형노)는 '부용산 음악제'를 통해 부용산 노래의 진실을 밝히고, 과거 우리 현대사의 질곡과 왜곡으로 점철된 역사를 바로잡고자 하는 노력을 지속하고 있다. 아울러 이에 '빨치산'의 노래로 알려진 부용산 노래의 진실은 무엇이며 여순사건과의 관계, 여순사건의 진실에 대해 다시 생각해 보는 계기가 되었다.

부용산 노래는 박기동 작사와 안성현 작곡의 작품으로써 작사자 박기동(1917~2004) 선생은 1931년도에 벌교 보통학교(전 벌교남교)를 졸업하고 일본 유학, 대학을 졸업하였다. 그 후 1943년 귀국과 동시에 벌교 남교 모교 교사로 부임하여 4년간 봉직하고 벌교상업중학교에서 1년간 재직하는 등 벌교와의 특별한 인연으로 애향과 애착을 가졌다. 더구나 벌교로 시집을 온 누이동생 박영애가 1947년 스물넷 꽃다운 나이에 폐결핵으로 죽음에 이르게 되자 벌교 부용산에 묻고 내려오면서 그 사랑하는 여동생을 잃은 슬픔을 견디지 못하고 애절하고 서글픈 마음을 시로 적어 두게 되었다.

이듬해인 1948년, 목포항도 여중으로 전근되어 재직 시 동료 음악선생인 안성현 교사를 만나게 된다. 안성현 교사는 일본 음대를 나와 김소월 시 '엄마야 누나야' 그리고 '진달래', '내 고향' 등을 작곡했었다. 드디어 안성현 선생이 부용산에 곡을 붙여 그해 공개되자마자 부용산 노래는 급속도로 보성 벌교까지 퍼져 가게 되었다. 이렇게 부용산 노래는 당시 민심을 아우르며 사무치는 노랫말로 애잔하게 해방정국의 신산한 삶에 쫓기던 이들의 고통과 이별의 애환으로 찌들은 우리 민족의 마음을 사로잡기에 충분했다.

그러나 이 노래가 발표되어 세상에 퍼지기 전인 그해 10

월에 여수 순천사건이 발생하였고 산으로 쫓겨난 이들의 두고 온 가족에 대한 그리움을 달래는 노래가 되었다. 그리고 속칭 빨치산의 이름표에 붉은 밑줄이 그어져 안성현과 박기동이 연좌에 묶이게 된다. 이런 이유로 노래는 금지곡이 되고 작곡을 한 안성현 선생은 다음 해인 1949년 9월에 면직을 하고 만다. 연이어 바로 그다음 해 1950년 6월에는 6·25전쟁이 발발하고 그 후 안성현이 북에 있다는 사실이 밝혀지면서 부용산 노래의 봉인은 더욱 조여만 갔다.

작곡가 안성현의 월북에 영향을 받은 박기동 선생도 무사할 리가 없었다. 1951년에 교직을 마감하고 상경하여 출판사에 근무하게 되나 사상을 의심받은 바 수사당국의 감시와 수많은 연행과 구금으로 수난이 끊이질 않고 쫓기고 천대를 받아 가면서 애지중지 아끼던 시작노트마저 빼앗기게 되어 시집을 한 권도 내지 못했다.

박기동 선생은 견디다 못한 나머지 출국을 결심하고 76세가 되던 93년도에 이역만리 호주로 떠나야 했다. 한편 어두웠던 갈등의 세월 동안 부용산 노래는 작가 미상의 속요로 몰래 입에서 입으로 불려 오다가 문민정부 들어서 구전가요의 설움을 딛고 드디어 가적을 찾아 작사 박기동, 작곡 안성현으로 자유의 노래가 되어 붉은색 덧칠을 벗겨내고 우리의 노래로 불러서 흘려보내게 되었다. 금지된 부용산 노래를 처음으로 푼 것은 안치환이 1997년 낸 앨범 <노스텔지어>에서다. 작가 미상으로나마 노래를 실었으며 가을 편지의 가수 이동원이 음반에 취입, 세상에 나오면서 그 봉인을 풀고서 연극과 함께 세상의 빛을 보게 되었다.

"부용산 오리길에 잔디만 푸르러 푸르러 솔밭 사이사이로 회오리바람 타고 간다는 말 한마디 없이 너는 가고 말았구나. 피어나지 못한 채 병든 장미는 시들어지고 부용산 봉우리에 하늘만 푸르러"

이처럼 누이동생을 잃은 애절한 시로 배경 또한 기구한 운명인데 작곡가와의 만남 또한 기구한 인연으로 고통의 연단 속에서 세월을 삭여야 했다. 그런데도 불구하고 호주에 거주하던 박기동 시인은 고국에서 다시 부용산 노래가 불리고 있다는 반가운 소식에 제2절을 작사하여 보내왔다.
"그리움 강이 되어 내 가슴 맴돌아 흐르고 재를 넘는 석양은 저만치 홀로 섰네. 백합일시 그 향기롭던 너의 꿈은 간데없고 돌아서지 못한 채 나 외로이 예 서 있으니 부용산

저 멀리엔 하늘만 푸르러 푸르러"

　어쩌면 본인의 처지를 한탄하면서 여동생과 고국을 대칭으로 세워 회한의 세월을 반추하면서 그리움과 외로움을 치유하며 스스로 달래는 한 편의 대 서사시를 펼쳤다. 부용산 가사 시상의 주 무대인 벌교 부용산 노래를 원래 만들어진 당시 모습대로 돌려 놓아야 할 책무는 우리 벌교인의 몫이다. 우린 이 일을 해내야만 한다. <벌교읍민회>

　내가 중고등학생 때는 5·18광주민중항쟁을 광주사태라고 배웠다. 대학에 들어와서야 광주사태가 아니라 광주민중항쟁이라고 정확하게 제대로 나의 인식에 재조명되었듯이 여순반란사건도 그러하다. 우리에게 과거의 여순사건은 군인들의 반란사건이고 항명사건이었다.

　그러나 해방 직후 온전한 통일국가를 세우려고 했던 진보세력과 기득권 유지에 몰두한 보수세력 간 정치적 갈등 등 그 과정을 제대로 이해하고 분석해 보면 그동안의 내가 아는 역사는 거꾸로 된 역사였고 이승만과 박정희라는 세력의 통치를 위한 기록이었지 진실이 아니었다. 해방 이후 온전한 통일국가를 세우지 못하고 남과 북이 분단의 길을 걸을 수밖에 없었던 당시 외세와 정치지도자들의 이념적 정치적 갈등이 수많은 민중들을 희생시키고 살육하고 말았다. 이 과정에서 폭발한 여순사건도 4.3제주사건과 마찬가지로 민중봉기였으며 민중항쟁이었다.

나는 지금 여기 여수에 지난한 이야기를 말하러 온 것이 아닙니다. 나는 여기 잊혀진 사실을 들추어내려는 것도 아닙니다. 나는 지금 여기 왜곡된 사건들을 바로 잡기 위하여 소소한 사실들을 열거하려는 것이 아닙니다.

역사에는 분명 사실이라는 것이 있습니다. 그러나 역사는 궁극적으로 해석의 체계입니다. 사실을 아무리 나열하여도 그것이 역사가 되지 않습니다. 역사는 사실의 숲속에 가려진 진실입니다. 그 진실은 나의 가슴속에 여러분들의 가슴속에 파묻혀 있습니다. 그것은 여러분들의 혈관 속에서 맥박치고 있는 한이며 분노며 저주며 회한이며 울먹임이며 통한이며 벙어리 냉가슴이며 그리움이며 올바른 세상을 살아야겠다는 몸부림이며 양심의 명령이며 정의로운 하늘의 외침입니다. 나는 지금 이 자리에서 그냥 여러분과 함께 목 놓아 울고 싶은 심정밖에는 없습니다.

어찌하여 우리 민족이 이 지경에 이를 수 있었는가?

도대체 무엇이 우리를 이토록 잔인하게 만들었는가?

도대체 누가 누구를 죽였는가?

저는 태어나 아장아장 걷기 시작하면서부터 '여순반란'이라고 명명된 이 처참한 사건에 관한 이야기를 수없이 듣고 자라났습니다. 그런데 부끄럽게도 고희가 넘도록 이 사건에 관해 잘 알지 못했습니다. 고백합니다. 진심으로 고백합니다. 저는 이 사건에 관한 진실을 잘 알지 못했습니다. 그런데 실상은 우리 모두가 이 사건을 잘 알지 못합니다.

이 사건을 연구하는 전문가들조차도 이미 이 사건을 '반란'으로 규정한 시대정신의 인식체계 속에 갇혀 있기 때문입니다. '이념적인 회전'은 결코 '진실한 발견'일 수 없고 '궁극적 해탈'이 될 수 없습니다. 우리는 여순을 말할 것이 아니라 세계를 말해야 하고 인간을 말해야 하고 진리를 말해야 합니다.

나는 이 순간 외칩니다. 70년 동안 이 진실을 반란으로 규정해 온 인간들이 마음 놓고 반공의 파시즘을 선전하고 국민을 기만하고 가혹한 이득을 취해 왔다고 한다면 나는 외칩니다. "You are lost" 너희들은 이미 졌다. 너희들 틀은 이미 이 시대에 맞지 않는 고물이다. 퇴색하고 있다. 물러가라. 사라져라. 사라지는 것만으로도 너희는 속죄를 얻을 수 있으리라.

여순사건은 사건이 아닙니다. 그것은 중립적 사건으로 머물 수 없습니다. 머물러서는 안 됩니다. 여순은 사건이 아닙니다. 여순은 민중의 항쟁입니다. 단군의 개국 이래 국가가 자국민에게 부과한 폭력의 최대치에 민중이 항거한 자랑스러운 역사의 혼의 분출이었습니다. 이 자랑스러운 의거를 이승만 정권으로 대변된 일제 식민지 미 군정의 지속태가 민중을 처참하게 짓밟았습니다. 너무도 처참하게 민중을 학살하였습니다. 그것은 인간성의 말살이었으며 공동체의 붕괴였으며 공동선의 파괴였습니다.

그것은 죽음이었고 공포였으며 그 그림자 속에 숨은 우리 민족의 의식 세계 속에는 인간불신의 망령들이 내면화 되었습니다. 여순민중항쟁이야말로 세계사를 선도한 조선민중의 정의감의 발로였으며 여순민중항쟁을 빌미로 6.25동란을 위시한 향후의 모든 세계사적 비극이 피할 수 없는 현실로 나타났고 우익 반공파시즘의 가치체계가 설칠 수 있었는가 하면 또 반면 우리 민중의 심오한 내성의 양심 속에서 인류사의 새로운 희망을 던질 수 있는 민주의 촛불이 켜질 수 있었던 것입니다. <도올 김용옥, 여순항쟁 70주기 여수MBC 특별강연>

1945년 8월 15일 우리는 일제 치하에서 해방되었지만 정치 환경은 복잡하게 얽혀 있었다. 우리 자력으로 일본 제국주의를 제압하고 억압구조에서 탈출한 것이 아니라 2차 세계대전 결과 미국에 굴복한 일본이 패망국으로 전락하면서 독립을 하게 된 까닭이다.

당시 상황을 도올 김용옥 선생은 '미국과 소련이 남과 북을 분할하여 주둔하면서 소련의 스탈린은 상대적으로 조선민들에 의해 조직된 인민위원회의 결정을 존중한 반면, 미국의 하지 준장은 한국을 독립국가로서 인정하기보다는 대소련의 전초기지, 미국의 이익에 도움이 되는 한국을 만드는데 초점을 맞췄다'라고 진단하고 있는데 남북 간에 진행되는 현상을 보더라도 그런 방향으로 전개되었다. 실제로 독립은 되었지만 우리의 힘만으로 온전한 국가를 형성할 수 있는 준비가 안 된 상태였기 때문이었다.

해방 이후 각 지역에 인민위원회가 조직되었지만 남한에서는 미 군정과 이른바 우익세력들이 득세하면서 나라의 운명을 어떻게 결정할 것인가의 문제로 좌우, 진영 간 신탁통치 찬반에서부터 단선, 단정 문제 등으로 첨예하게 대립이 지속되었다. 모스크바 3국 외상 회의에서 한국을 국제연합 감독 하에 시정국이 일정 지역에 대해서 실시하는 특수 통치제도 즉 신탁통치 문제를 협의하였다. 그러나 우리나라의 신탁통치는 우익세력들의 반대로 이루어지지 못하고 극심한 이념대결로 치닫게 되었다. 마지막 미소공동위원회에서 남북한문제를 논의하였으나 합의에 실패한 후 향후 통일정부 수립을 주장하는 좌파세력과 남한만의 단독정부를 주장하였던 이승만을 중심으로 한 우파세력 간 극심한 내부 갈등으로 치닫게 된다.

이 과정에서 4·3사건과 여순사건이 발발하게 된다. 제주는 일제 치하에서 수탈이 극심한 지역이었다. 일제 치하에서 일본으로 건너간 사람들이 유독 많은 지역이 제주도였다. 해방이 된 후 제주도로 돌아온 도민들이 무려 6만여 명이었다고 한다. 그들은 일본에서 억압된 생활을 하면서 해방된 조국에 대한 기대가 남달랐다. 그런 영향으로 제주 지역은 남한의 타 지역에 비해 인민위원회가 잘 조직되어 있었고 해방 이후 완전한 독립국으로의 변화와 희망이 다른 지역보다 훨씬 컸던 지역이었다. 당연히 일본 잔재에 대한 적개심도 사나웠다.

4·3사건의 발단은 1948년 남한만의 5·10단독 선거 반대와 조국의 자주 통일이라는 큰 이슈로 갈등이 시작되었지만 도화선이 된 것은 따로 있었다. 극우세력 즉 미 군정 하

에서 일제 치하의 친일 경찰들이 다시 득세하며 단독선거 반대세력을 탄압하는 과정에서 3·1경찰발포사건, 고문치사사건이 터지고 만 것이다. 마치 1987년 6월 항쟁이 시작되기 전 박종철고문치사 사건과 같은 충격적인 사건이 발생한 것이다. 4월 3일 참다못한 제주도 무장대가 미 군정하의 경찰과 이승만의 반공친위부대인 서북청년단 등 극우세력을 향해 공격을 개시하였다. 그후 1954년 9월까지 6년 6개월 동안 3만여 명의 양민이 학살되었고 6·25전쟁 이후 가장 많은 국민이 희생된 비극적 사건이다.

4·3사건 초기의 양상이 심각한 상황으로 전개되면서 9연대장 김익렬 중장과 무장대 김달삼 양측이 더 이상의 피해를 줄이고자 휴전 합의를 제의했다. 하지만 이승만과 미군정은 김익렬을 제주에서 다른 지역으로 좌천시켰고, 제주 진압 사태는 무고한 양민들을 희생시키면서 지속되었다.

여순사건은 4·3사건의 연속 선상에서 발생한다. 제주사건이 터지면서 미군과 경찰병력의 진압이 개시되고 추가로 여수의 국방경비대 14연대가 만들어지게 된다. 여순사건은 한마디로 표현하면 1948년 10월 19일 전남 여수에 주둔 중이던 국방경비대 14연대 군인들이 제주도에 투입되어 '조선동포를 토벌하라'는 관의 명령을 거부한 것이 사건의 진실이다. 조선동포 즉 토벌대상은 바로 4·3사건의 진압 대상이었던 제주도민들이었다.

그동안 왜곡된 역사는 여순사건을 단순한 군인들의 항명, 반란 사건으로 기록하였지만, 당시 미 군정하의 이승만 세력이 내린 명령은 정당한 것이 아니었기에 항명이 아니었음은 분명한 진실이다. 당시 '제주토벌 반대 병사위원회'의 성명서에도 나왔듯이 군인들은 '국토를 방위하고 인민의 권리와 복리를 위해서 생명을 바쳐야' 하는 것이지 애국 인민을 무차별 학살하는 것은 정당한 명령이 아니며 불의에 항거하는 것이 민중을 위한 일이라고 주장하고 있다.

여순사건이 발발하게 된 사회 상황은 복잡다단하게 얽혀있었다. 미 군정은 남한의 인민위원회를 와해시키기 위해서 다시 친일 경찰들을 불러 모아 조직하였고 해방공간 하에서 경찰들의 폭력성은 공산주의를 척결한다는 명분으로 극에 달했다. 또한 군인들과 경찰들 간 사사건건 갈등이 증폭되면서 14연대 내부에서는 경찰을 타도해야 한다는 목소리가 높아졌고 김지회, 홍순석 등 육사3기 출신들이 주가 되어 항쟁의 도화선이 되었다.

당시 항쟁이 시작되면서 여수지역을 빠져나온 14연대는

이승만 세력의 대대적인 토벌이 시작되자 대부분 구례를 거쳐 지리산으로 들어가게 되었고 이것이 우리가 아는 '빨 치산'이라는 왜곡된 역사의 발단이 되었다. 이후 당시 토 벌대의 무자비한 진압에도 불구하고 여수항쟁이 8일 동안 지속된 것은 여순지역 지역민들이 가세하였기 때문이며 토벌 과정에서 여순지역 양민 1만3천여 명이 사망하게 된 것도 여수 지역민 전체를 토벌 대상으로 삼았기 때문이다.

지금 여순사건은 20대 국회에 '여수·순천 10·19사건 진 상 규명 및 희생자 명예 회복, 보상에 관한 특별법'이 발의 되어 계류되고 있는 상태다. 조속히 통과되어 사건 진상 규명, 희생자 명예회복과 보상 등이 이루어져 왜곡된 역사 를 바로잡는 계기로 삼아야 할 것이다.

여성의 정치참여

양성 평등주간을 맞아 각 지역 여성단체들이 2019년 7월 들어 기념행사를 했다. 과거에 비해 우리나라에서 남성과 여성의 차별은 현저하게 줄어들고 있다. 행사장에서 만난 한 남성은 여성가족부를 없애고 남성가족부를 두어야한다는 우스갯소리를 할 정도로 성 평등에 대한 사회 전반에 걸친 인식변화가 뚜렷하다.

그러나 이러한 사회적 분위기와는 다르게 아직도 우리나라의 여성 정치참여율은 저조한 편이다. 박근혜 대통령이 여성 최초로 대통령에 당선되었으나 오히려 국정농단 사건으로 탄핵당하면서 한편으로는 여성 정치인에 대한 부정적 인식이 잠시나마 확산된 적도 있었다.

그럼에도 불구하고 우리나라에서 여성들의 정치참여 확대는 시대적인 과제다. 그동안 육아, 보육, 교육정책들이 탄탄하게 실현되었다면 현재 겪고 있는 출산 문제가 이토록 심각한 상황에 처할 수 있었겠는지 의문이다.

작년 우리나라 합계 출생률은 0.98명으로 OECD 국가 중 최저치를 기록하였다. 합계 출생률은 15~49세 여성에 기대하는 평생 낳을 아이 수이며 현재 우리의 인구를 유지하기 위해서는 합계 출생률이 2.1명이 되어야 한다고 한다. 단정적으로 말하자면 우리나라 출생 및 인구정책은 실패했다. 많은 혈세를 투입하고도 실패한 것이다. 현실성 있고 세심한 부분에 장점이 있는 여성들에게 출생률과 관계된 정책을 맡겼다면 우리의 인구정책이 지금과 같이 황폐해졌을까? 하는 자책을 해본다.

나는 우리 정치의 변화를 위해서라도 여성 정치참여를 지금보다 더 획기적으로 확대해나가야 한다고 생각한다. 우리나라의 경우 여성 국회의원 비율은 30%가 채 안된 상황이다. 각 정당은 선거 때마다 지역구 공천 시 여성 30% 의무 공천을 약속해놓고도 막상 공천을 해보면 이 약속을 지키지 못하고 있다. 유럽의 정치 선진국들은 여성 국회의원 비율이 45% 선을 유지하고 있으며 여성장관 비율도 스웨덴이나 프랑스의 경우 50% 선에 이른다.

우리나라의 경우 여성정치참여율이 낮은 이유 중에 가장 큰 문제는 각종 선거에서 여성 정치인들이 경쟁력에 한계를 보이고 있기 때문이다. 유권자들의 인식 변화도 필요하지만 각 정당에서 여성 정치인들을 육성하기 위한 각별한 노력이 필요하다. 여성정치참여를 높이기 위해서는 현실적으로 비례대표의원제를 잘 활용해야 한다. 우리나라에서도 비례대표 국회의원을 통해 정치 경험을 갖추고 지역구에 당선되는 여성 국회의원이 늘어나고 있는 점을 감안하면 중앙정치뿐만 아니라 지방정치에서도 비례의원을 늘려야 한다고 본다.

비례대표의원의 경우 지역 활동을 겸해야 하는 지역구 의원들에 비해 전문성을 높이고 깊이 있는 정책을 만들 수 있는 데 유리한 조건을 갖고 있다. 지금 우리나라의 경우 300명 국회 의석 중 47석을 비례대표로 선출하고 이 중 50%를 여성으로 공천하고 있다. 나는 현행 비례대표 의석 중 여성의 비율 50%를 70% 수준으로 높여서 비례대표라도 여성 정치인의 비율을 높여 나가는 것이 필요하다고 본다. 그래야 여성 정치인을 키워내고 이를 통해 우리 정치의 변화를 이끌어 낼 수 있기 때문이다.

덧붙여 여성과 남성의 구분을 하지 않는 시대가 오는 게 더 중요하다. 여자라서 안 되고, 남자라서 안 된다는 고정관념이 없어져야 한다. 그것을 깨기 위해서라도 여성 정치인들의 비율이 높아져야 한다. 궁극적으로 남녀의 구별을 짓지 않는 사회가 만들어질 수 있도록 정치인 스스로 솔선수범해야 할 것이다.

비정규직 김용균 씨의 죽음

대한민국 전반에 자리 잡고 있는 안타까운 사회 현상이 있다. 바로 비정규직 문제이다. 지난 2018년 12월 10일에 한 사건이 발생했다. 이날 오후 6시 30분, 충남 태안화력발전소에 출근했던 김용균 씨는 다음날(11일) 새벽 3시에 숨진 채로 발견되었다. 그는 스물네 살의 연료환경설비운전 노동자였고 한전 자회사, 한국서부발전 원청회사의 하청을 받은 한국발전기술 소속 비정규직이었다.

우리나라는 1998년 IMF 외환위기 이후 '노동시장유연화'라는 명목으로 '정리해고법', '파견근로자보호법'이 합법화되었다. 그래서 원청회사들은 해고된 노동자들이나 필요한 인력을 하청업체로부터 공급받을 수 있게 되었다. 대기업은 물론 공공기업에서도 이윤창출을 위해 경영실적과 평가에 부합하려면 정규직을 최소화하고 비용을 절감할 수밖에 없었다. 이런 상황에서 비정규직, 계약직은 외환위기 이후 우리 사회의 어두운 현실이 되어왔다. 그리고 이런 현실은 어느새 당연한 일상으로 자리 잡았다.

김용균 씨의 죽음은 바로 이런 일상이 우리에게 주는 경고였다. 그의 죽음이 더욱 안타까웠던 이유는 또 있다. <한겨레> 신문기사에 나온 발전 공기업 5사의 의뢰로 노무법인 서정이 작성한 '비정규직 근로자 정규직 전환 컨설팅 최종 보고서'에 따르면, 발전 5사는 김용균 씨가 맡았던 '연료환경설비운전' 직무에 '원청 지휘, 명령 관련 행태상 부적합 요소'가 있다며 불법 파견 가능성을 인정했기 때문이었다.

다시 말해 원청과 하청이 맺는 '도급계약'에서 원청이 하청노동자에게 지휘, 감독을 하는 등 실질적 사용자 구실을 하면 불법 파견이 된다는 것이다. 그런데도 발전사들은 법망을 피하거나 여러 가지 핑계를 들어 직접 고용을 하지 않았고 이것은 지금까지 이어지고 있다. 물론 업무의 특성상 김용균 씨가 정규직 상태에서 일했다면 사고를 면할 수 있었을 거라고 단언할 수는 없다. 그러나 하청업체들의 노동환경은 정규직 상태에서보다 열악할 수밖에 없고 안전교육 등 여러 가지 면에서 소홀할 수밖에 없을 것이라는 사실은 명백하다.

　김용균 씨가 새벽에 출근하여 혼자 위험한 작업장에 투입되었다는 것은 그야말로 '인재'였다. 아울러 김용균 씨가 맡았던 직무는 '전문성과 기술력이 필요한 업무'라고 규정해 놓고 실상은 '전문인력'으로 대우받지 못했다. 또한 교육 2주 만에 현장에 투입됐고 그로부터 2개월 만에 사고를 당했다. 제도적 측면에서 사고 가능성이 높은 위험한 업무는 대기업이나 공기업에서 비정규직이나 하청, 재하청을 주지 못하게 하는 정책을 도입하는 게 시급하다.

　그뿐만 아니라 지난 2016년 6월에는 구의역 스크린도어 청년 하청근로자가 사망한 사건이 발생하기도 했다. 이에 더불어민주당 의원들은 관련법 개정안을 발의했다. 내용은 유해, 위험한 작업으로 도급인의 사업장에서 상시적으로 행하여지는 사내 하도급을 전면 금지하는 것과 도급인의 사업장 밖에서 이루어지는 작업에 대해서는 고용노동부장관의 인가를 받는 것이다. 그리고 산재사고 발생 시 도급사업주에 대한 처벌도 강화하는 것이 주요 내용이다.

그러나 지금까지 국회상임위원회에 계류된 상태다. 이 법이 통과되었으면 김용균 씨는 어찌 되었을까? 비정규직은 20년 전 국가부도 상황에서 만들어진 효율 위주의 경제구조에서 탄생한 임시방편이었다.

이제는 21세기다. 사람 중심의 경제구조를 다시 하나둘씩 만들어나가야 할 때다. 문재인 대통령이 내건 '사람이 먼저다'라는 구호가 선거 구호가 아닌 실제 우리 생활에서 작동되기 위해서는 사람 중심의 노동환경개선 등 사회적 분위기와 제도 개혁, 대기업, 공기업 CEO들과 경영진들의 각성이 절실한 상황이다. 그렇지 않으면 지금의 대한민국은 또다시 제2, 3의 김용균 씨의 죽음을 맞이할 수밖에 없을 것이다.

아, 윤한덕

윤한덕 국립중앙의료원 중앙응급의료센터장은 2019년 설 하루 전날(2월 4일), 자신의 근무실에서 숨진 채 발견되었다. 과로사였다. 설 연휴도 없이 근무하다가 희생된 것이다. 윤한덕은 90년대 초 전남대 의대 응급의학과를 졸업하였다. 그가 살아생전에 해왔던 말들을 정리해보면 의료전문가가 아니더라도 우리나라의 응급 의료의 문제점이 그대로 나타나고 있음을 알 수 있다.

"어떻게 응급실에서 환자가 제대로 치료를 못 받느냐", "응급의료체계가 한군데에 모여 있다면 전부 없애고 새로 시작해야 한다.", "응급실에서 전공의(인턴, 레지던트)를 다

쫓아내야 한다. 왜 교수들이 외래에서 차분히 앉아 별로 중하지도 않은 환자를 보고 있냐?", "119구급대원 등 응급구조사가 심전도를 제거하거나 탯줄을 자르면 실형을 살 수 있는 불합리한 규정을 개정해야 한다."(자신의 페이스북), "닥터헬기 착륙장이 부족하다."(2018년 10월 국회 보건복지위원회에 나와)

정작 외상 환자들이 생명의 위급을 다투는 상황에서 우리 응급의료체계가 너무 비현실적이라는 것이다. 그는 출세나 보직에는 무심한 사람이었고 오로지 자신이 전공한 응급의료에 모든 것을 바쳐온 완벽주의자였다고 그를 아는 많은 사람들은 기억하고 있다. 그는 응급환자들에게 사용하는 '자동심장충격기'에 대해서도 일반인들이면 누구나 먼저 응급환자에게 아무런 법적 도의적 책임감에서 자유로운 상태에서 구호활동을 할 수 있어야 한다고 했다. 그러려면 제도를 개선해야 한다고 주장해 왔다. 그는 제세동기에 붙였던 다른 지칭인 '심쿵이'에 다음과 같은 문구가 부착되기를 희망해왔다고 한다.

"언젠가는 심쿵이(자동심장충격기)에 다음과 같은 문구가 부착되어 있기를 바란다. '당신이 남을 돕지 않으면 누구도 당신을 돕지 않게 됩니다. 당신이 할애하는 10여 분이 누군가에게는 수십 년의 시간이 됩니다. 응급환자에게 이 기계를 사용하더라도 누구도 당신에게 배상하라고 하지 않습니다. 쓰러진 사람을 보면 적극적으로 도우십시오. 그로 인해 겪게 될 송사는 보건복지부가 책임지겠습니다.'"(2018년 10월 26일 자신의 페이스북)

이국종 아주대병원 권역외상센터장에 의해 일반인들에게 알려진 우리의 응급의료의 문제점이 다시 도마 위에 올랐다. 실제로 전남지역의 경우 지역이 넓고 병원은 부족한데 환자들은 고령이 많아 응급의료가 아주 절실한 곳이다. 그런데도 이에 대한 지원이나 체계 구축은 안정적이지 않은 편이다. 응급헬기가 뜨지 못하는 곳도 부지기수다. 그야말로 환자가 급하게 발생하면 하늘에 운명을 맡겨야 하는 상황인 셈이다.

당연하게도 이번 기회에 응급의료구축 시스템을 근본적으로 다시 세워야 한다는 목소리가 높다. 몰려드는 응급환자들을 신속하게 분류해내고 보다 많은 전문의들을 투입하는 획기적인 변화가 필요하다는 것이다. 윤한덕 센터장이 바라는 응급의료체계가 구축되어 다시는 안타까운 희생이 나오지 않고 치료를 간절히 바라는 응급환자가 손을 못 쓰고 사망하는 사고도 나오지 말아야 한다.

　　이번 기회에 응급의료구축 시스템을 근본적으로 다시 세워야 한다는 목
소리가 높다. 몰려드는 응급환자들을 신속하게 분류해내고 보다 많은 전문
의들을 투입하는 획기적인 변화가 필요하다는 것이다.

농어촌지역 응급환자
치료·이송 체계 시급

100세 시대라고 한다. 그러나 모두 다 100세를 사는 것은 아니다. 의학의 발달로 인해 평균 수명이 점차 늘어나기 때문에 이에 대한 준비를 하는 것이다. 과학과 의학기술의 발전으로 인간 생활이 편리해지고, 중병에 대한 치료가 가능해서 수명이 늘어난다는 것이다.

그러나 과학과 의학기술이 발전해도 기본적인 보건 복지의 혜택을 제대로 받을 수 없다면, 100세 시대에 국민으로서 누구나 누려야 하는 보편적 삶의 기대를 벗어난다. 국회의원 시절이나 지금이나 농어촌 지역구인 우리 지역에서 가장 많은 민원 중의 하나가 병원 응급실 민원이다.

그만큼 읍면 단위 의료취약지역에 사는 지역민들은 긴급한 상황에서 의료서비스에서 소외되어 있는 실정이다.

현재 도시권에서 사는 사람은 일반 진료를 받으려면 집 근처 병원으로 가면 된다. 농어촌에 거주하는 사람은 진료를 받으려면 어디로 가야 하는가? 읍내에 나가면 보건소가 있다. 그러나 응급환자가 발생했을 때는 문제가 생기게 된다. 전문의가 있는 병원을 찾으려면 이동시간과 비용이 많이 든다. 최근 정부 발표에 의하면 경상북도 영양군(107.8명)의 경우 한 해 동안 적절한 의료서비스를 받지 못해 사망할 확률이 서울 강남지역(29.6명)보다 4배 높다고 한다. 수도권과 지방의 의료서비스 격차가 갈수록 커지고 있다. 농어촌에서 대도시 대학병원으로 이송하는 과정에서 사망하는 경우가 허다하다. 생명을 살릴 수 있는 이른바 골든타임을 놓치기 때문이다.

우리나라 의료서비스는 민간 병원 중심으로 정착되어 수익성이 낮은 농어촌지역의 보건의료 서비스가 제대로 이뤄지지 않고 있다. 2017년 기준 공공보건의료기관은 전체 의료기관의 5.4%에 불과하고 공공병상 비율도 10.3%밖에 되지 않는다. 인구 천 명당 의사 수를 보면 서울 2.92명, 광주 2.39명, 전남 1.63명이다. 군 지역에서 활동하는 의사는 전체 의사 수의 5.7%에 불과하다.[1] 농어촌 취약지 군 지역 중에서 응급의료기관이 없는 곳이 12곳이며, 시·구 지역에 비해 사망률이 11.1% 높다고 분석 결과를 제시한 바 있다.[2]

그러나 의사 숫자만 늘린다고 해서 지역 불균형이 해소되지는 않는다. 일본은 의사 공급이 늘면 과도한 경쟁을 피하기 위해 농어촌에서 개업하는 병원이 많아질 거라 판단하고, 1965년~1980년 사이에 의과대학 33곳을 신설했다. 예상대로 의사 수는 늘어났으나 지역 불균형은 오히려 더 심화되었다고 한다.

농어촌 보건서비스 영역이 수익성이 낮고 비용이 많이 든다면, 신속한 응급의료 체계라도 갖춰져야 한다. 현재는 급성 중증 환자가 발생해도 인근 대도시로 이동하는 시간이 많이 소요되어 생명을 위협받고 있다. 전국 어디서나 30분 이내에 응급의료 서비스를 받을 수 있도록 응급의료 체계를 갖춰야 한다.

1) 김동진 외 3(2017), 농어업인의 삶의 질 향상 심층 연구-농어촌 공공보건의료 인력 확보 방안
2) 장한덕 외 5(2016), 2016년 의료취약지 모니터링 연구, 보건복지부 국립중앙 의료원

문재인 정부는 지역격차 해소를 위한 공공보건 의료의 책임성을 강화하기 위해 책임 의료기관을 지정하고, 권역-지역-기초 간 공공보건 의료 협력체계 구축 및 응급·외상·심뇌혈관 등 필수 중증 의료를 강화하겠다고 제시한 바 있다.

시도별 책임 의료기관으로 지정된 지역 국립대병원이나 지역거점병원에 의료장비 지원과 의료진에 대한 안정적인 근무환경을 제공해야 한다. 또한 권역-지역-기초 간 의료 인력 파견과 교류를 활성화하여 책임 있는 협력체계가 구축되도록 해야 한다. 현실적으로 응급의료 취약지역은 의료 인력이 근무를 기피한다. 운영비의 일부를 보조 지원하는 것만으로는 해결할 수 없다. 지방의료원을 설립하고 있지만 의료진 수급 문제는 일상적인 문제다. 따라서 의료취약지에 병원을 개설하거나 근무를 희망하는 자에게 세금 감면과 의료 인력 인건비 지원제도를 마련해야 한다.

공공보건의료 협력체계에서 가장 중요한 것은 필수 중증 환자(응급·외상·심뇌혈관 등)의 생명과 직결되는 치료·이송 서비스를 갖추는 것이다. 정부는 의사가 탑승하여 환자를 치료·이송하는 헬기를 운용하고 있지만 전국에 총 7개 지역만 운용하고 있다.[3] 운영방식은 민간 헬기사업자와

리스계약을 통해 운용되고 있고, 안전성 때문에 주간에만 운영해 중증 응급환자가 야간에 발생하면 무용지물이다.

인근 대도시의 대학병원 및 대형병원과 소방청 등 응급의료 이송체계와 긴밀한 운용체계를 갖추도록 의무화하여, 생명과 직결되는 필수 중증 의료 서비스를 강화해야 한다. 원격의료의 필요성이 높은 지역의 경우에는 원격의료 시스템을 구축하고 가동해야 할 것이다.

보건 의료정책은 대학병원 및 대형병원의 환자 집중 문제, 의료취약지역의 지원 문제, 공공의료기관 확대 문제 등을 개선하여 의료 서비스가 병원 중심이 아닌 사람 중심의 보건 의료 시스템이 정착되도록 추진되어야 한다. 시·군 단위 농어촌 거점 지역에 전문의나 현대식 의료장비를 갖춘 응급의료시설이 구축된다면 의료취약 지역민들의 혜택뿐만 아니라 인구감소로 심각한 위기에 처한 농어촌에 귀농 귀촌 인구를 늘리는 데 큰 도움이 될 것이다.

---

3) 인천(길병원), 충남(단국대병원), 전북(원광대병원), 전남(목포한국병원), 강원(원주세브란스기독병원), 경북(안동병원), 경기도(아주대병원)

제2장
빛나는 코리아를 향한
도전

양극화와 부유세 논쟁

얼마 전, 알렉산드리아 오카시오코르테스 미국 하원의원이 한 방송에 출연해서 연 소득 1천만 달러(약 112억 원) 이상인 초고소득자(1% 미만)의 최고세율을 70%로 인상하자고 주장하면서 이슈가 됐다. 112억 중 34억을 소득으로 남기고 78억을 세금으로 걷자는 것이다. 지난번 미국 대선에서 돌풍을 일으킨 버니 샌더스 상원의원도 당시에 상속받은 유산이 39억 원일 때 45%부터 시작해서 1조 1,200억 원 이상인 경우 77%의 상속세를 물리자는 법안을 제안하여 저소득층들로부터 압도적인 지지를 받았다.

미국의 이러한 부유세 논쟁을 특정한 진보적 정치인들

의 인기영합주의 정책으로 치부하기에는 소득 불평등이 심각한 상황이며 갈수록 심화되고 있다는 것이 문제다. 우리나라도 마찬가지다. 오래전부터 문제시 되어왔던 사회의 양극화가 심화되고 있다. 문재인 정부가 들어선 후, 많은 정책들을 이러한 양극화 문제를 해결하고자 하는 데 초점을 두고 구사하고 있지만 실제 소득의 양극화 지표는 개선되지 않고 있는 상황이다.

왜 그럴까? 우선 경제는 무엇보다 돈의 흐름이 중요하다. 구들장 방이 아랫목 윗목 구분 없이 따뜻해야 하는데 그렇지 못하다는 것이다. 과거 건설과 주택경기가 호황일 때는 서민층에까지 경제적 여파가 미쳤다. 그러나 건설과 주택, SOC 등 수요가 줄어들면서 서민들의 일자리가 줄어들게 되었다. 여기에 정보통신의 발달로 인한 소비패턴도 서민경제에 큰 영향을 미치고 있다. 어느 기관의 조사에 따르면 공산품의 경우 최근 1~2년 사이 홈쇼핑이나 인터넷 등 온라인의 구매율이 70%나 급상승하고 있다고 한다.

이는 골목상권이나 동네 마트의 매출이 그만큼 감소했다는 것을 의미한다. 중소상공인들이나 자영업이 어렵다는 이유 중 하나임이 분명하다. 체감경기가 안 좋을 수밖에 없다. 정부가 나서서 골목상권을 보호하기 위해 지역화

폐를 찍어 돈의 흐름을 전통시장 쪽으로 돌리려고 노력한다지만 한계가 있다. 시장의 흐름을 거꾸로 역류시킬 수는 없다.

이처럼 돈이 한쪽으로 몰리는 현상을 극복할 수 있는 길은 무엇인가? 빈부의 격차는 자유시장 경제와 자본주의 체제를 유지하고 있는 국가들이 겪고 있는 전 세계적인 현상이다. 산업이 고도화되고 특히 IT 등 정보통신이 발달한 사회일수록 빈부격차가 더욱 심해지고 있다.

18세기 말 토마스 페인(Thomas Paine)은 '빈곤은 이른바 문명생활에 의해 만들어졌다.'고 역설하였고 오늘날 북유럽 복지국가의 근거를 만들었다. 우리나라도 부유세에 대한 논의를 통해 극단으로 치닫는 양극화 문제의 해법을 만들어나가야 할 때다. 1~2년 사이 순이익이 60~70% 이상 급격히 상승하는 대기업 유통회사들의 세율을 종전과 똑같이 적용해 세금을 걷는다는 것은 양극화를 해소해 보려는 정부의 정책과 맞지 않다.

시대가 급변하고 있는데 정부 정책이 앞서가지 못한다면 사회적 약자들인 서민의 고충이 클 수밖에 없다. 정부는 적정의 세금을 통해 시장에서 소외된 서민들을 위해 새로운 일자리를 창출하는 역량을 보일 때 비로소 성공한 정부의 역할을 다하고 있다고 평가받을 수 있을 것이다.

오늘날 대기업 부자들이 부를 이룬 것은 사회구성원들이 존재했기 때문에 가능한 일이었다. 그렇기 때문에 불평등, 저소득 문제로 우리 사회의 갈등이 심해지고 사회 안전망이 무너진다면 대기업과 부유층에 세금을 더 부과하는 것은 당연한 일이며 우리 사회를 건강하게 만드는 길임이 분명하다.

청년 대책,
학자금 대출 제도부터 고쳐야

    아직도 대다수 학생과 학부모는 고액 등록금으로 고통받고 있다. 등록금 마련을 위해 휴학을 하거나 학자금 대출금을 갚지 못해 신용유의자가 되기도 한다. 최근 정재호 더불어민주당 의원은 한국주택금융공사 자료(2019. 7월 기준)를 인용하여 학자금 대출 채무자(21,163명) 중 44.8%인 9,491명이 연체 사유로 인해 신용유의자 상태에 있다고 밝혔다. 그 중에 86.5%가 100만 원 미만 잔액으로 신용불량 상태라고 한다.

    정부는 대학등록금과 생활비 마련이 어려운 학생들을 대상으로 학자금 대출제도를 시행하고 있다. 취업 후에 학자금 대출을 상환하는 상품과 취업 여부 상관없이 약정기간 후에 원금과 이자를 상환하는 일반상환 학자금 대출이 있다.

우리나라 대학교육의 약 85%가 사립대학 중심으로 이뤄지고 있어 학생들은 세계 최고 수준의 교육비를 부담하고 있다. 2018년 기준으로 4년제 대학 등록금은 연평균 671만 원이다. 국공립대학은 약 419만 원, 사립대학은 약 743만 원이다. 2018년 OECD 통계에 따르면, 우리나라 사립대학교 평균 등록금은 미국, 호주 다음으로 세계 세 번째로 높다.

학자금 대출은 언젠가는 변제해야 하는 빚이기에 취업난에 허덕이는 청년 세대에게는 심각한 생존의 문제와 직결되어 있다. 만약 이자를 제때 납부하지 못하면 신용유의자가 되어 오히려 취업에 악영향을 줄 수 있기 때문이다. 취업 후 상환 학자금 대출의 부채 부담을 돈을 벌 수 있는 시기까지 연장해주고 있으나, 상환하지 못하는 기간에는 이자가 누적되기 때문에 취업난이 심할 경우에는 채무부담이 더 커지는 악순환이 발생한다.

만약 한 학생이 4년 동안(8학기) 매 학기 300만 원을 학자금 대출로 받게 되면, 총 2,400만 원의 빚이 생긴다. 졸업 후 1년 동안 취업준비 기간이 있었다면, 학자금 대출 이자만 200만 원 이상 누적된다. 이는 급여가 낮은 중소기업에 취직하지 못하는 하나의 원인이 될 수 있다. 또한 취업 후 상환 대출을 받을 수 있는 자격 조건도 까다롭다. 대학원생은 대출 자체를 이용할 수 없고, 학부생도 소득 8분위 이하의 자격요건을 충족해야 하기 때문에 많은 학생들이 혜택을 못 받고 있다.

이에 정부는 2012년부터 국가장학금을 지원함으로써 등록금 부담을 낮추는 정책을 추진해오고 있다. 정부 예산 지원을 통해 교육비 부담을 줄여주는 것이다. 그러나 대학생들이 체감하는 등록금 부담은 해소되지 못하고 있다. 실제로 국가장학금은 2018년 1학기 기준, 전체 대학 재학생 중 42.6%만 혜택을 받았다. 국가장학금 지급요건에 B학점 이상이라는 성적 기준을 제한한 것도, 학비 부담을 줄여준다는 도입 취지와는 다르다. 최근 특정계층에 대해서는 C학점까지 예외를 주고 있지만 불만족스럽기는 매한가지다.

국가장학금 확대로 인해 2017년 학자금 대출 총액은 1조7,437억 원으로 2012년 2조3,265억 원 대비 약 33%가 줄어들고 대출 인원도 약 15% 감소했다. 즉 국가장학금이 확대되면서 학자금 대출이 줄어든 것이다. 그렇다면 국가 장학금 혜택을 받는 사람이 많아져야 함에도, 장학금은 재학생의 40.7%에게만 주어진다. 학자금 대출처럼 소득 8분위까지로 제한하고 있고, 다른 나라에는 없는 학점 기준 제한도 제약요인이기 때문이다. 따라서 장학금 대상을 확대하고 학자금 대출의 상환압박은 줄이는 정책이 동시에 마련되어야 한다.

2018년 기준, 취업 후 상환 대출을 받고 싶어도 소득 8분위 기준 때문에 학자금 대출 필요성이 높은 대상임에도 일반 상환 대출을 받아야 하는 학생이 5만 명을 넘고 있다. 따라서 취업 후 상환 학자금 대출 기준에 모든 대학생과 대학원생을 포함해야 하며, 불합리한 소득 기준이나 성적 기준, 그리고 35세 이하로 한정된 자격요건 등을 없애 폭 넓은 교육의 기회를 보장해야 한다.

또한 취업 후 상환 학자금 대출의 이자를 재학 중에는 무이자로 지원해야 한다. 실질적인 이자 지원을 통해 미취업 청년의 대출 부담을 줄여주어야 한다.

대한민국형 복지국가를 향한 도전

19대 국회의원 시절이었던 2013년 7월, 지금 더불어민주당 원내대표를 맡고 있는 이인영 의원 등과 나 그리고 교수진으로 꾸려진 연수단은 북유럽으로 날아가고 있었다. 우리의 목표는 북유럽 복지정책을 공부하고 연구하는 것이었다. 일정은 빡빡했다. 제한된 시간 안에 북유럽의 핀란드, 스웨덴, 노르웨이의 사민당, 노동당 등 주요정당과 고용진흥청, 노동복지청, 대학 등을 방문해야 했고, 그곳에서 여러 복지정책을 소개받고 때로는 토론도 벌여야 했다.

힘들었지만 충분히 인상적인 연수였다. 우리나라와 인구 및 지정학적, 역사문화적 차이가 있는 나라들이긴 하지만 복지국가를 지향하는 우리로서는 배워야 할 가치들이 상당하다는 것을 매순간 느꼈다. 특히 쇠데르퇴른대 최연혁 교수의 스웨덴 복지모델에 관한 강의는 퍽 인상적이었다.

스웨덴 노총은 경총에 대해 적이 아니라 함께하는 파트너라고 생각한다. 즉 국가라고 하는 대명제 앞에서는 서로 상생하고, 협의하는 관계라는 것이다. 알아둬야 할 것은 스웨덴 대기업의 수익이 높고 역사적으로 잘 풀렸다고 하지만 1940년대까지만 하더라도 이 곳 역시 가난한 나라였다. 많은 어린이들이 제대로 교육을 받지 못했고 노동 현장으로 내몰렸다.

사뭇 우리의 60년대와 비슷했다. 이런 스웨덴에서 좌우 상생 모델이 시작된 게 1932년부터다. 당시 스웨덴은 사민당이 정권을 잡고 보니 노조의 힘이 너무 강해서 노동시장을 안정시키기는 어려운 상황이었다. 그런 상황에서 좌우 상생을 모색했는데 농민당이 손을 잡아준 것이다. 그래서 1936년~39년 동안 적록연맹이 구성됐다. 농민당과 사민당이 빅딜을 한 셈이다. 사민당과 농민당과의 연립정권이 만들어지면서 독일에서 싸게 스웨덴으로 들어오는 농산물들로부터 농민을 보호해주기 위해 노동자들에게 압력을 가했다. 그 결과 노사정이 함께 모여 산업평화, 경제구조조정 등 사회적 협약인 샬트쉐바덴의 좌우 상생 모델이 나올 수 있었다.

또 한 가지 눈여겨볼 것은 사회민주주의적인 모델이다. 이 모델은 1950~70년대까지 사민당 주도 하에 30년 동안 아주 밀도 있게 만들어진 모델이다. 여기에 1969년 팔메 수상이 들어서면서 실질적 평등은 성 평등에서 완성된다고 믿고 성 평등 모델을 강화해 1995년도에는 UN에서 발표한 성 평등 국가 1위에 올라섰다.

21세기 스웨덴 모델은 국민 행복 모델이다. 국가는 국민을 위해서 존재하는 을이고, 국민이 갑인 모델이다. 스웨덴을 이야기할 때는 평균성장률을 빼놓을 수 없다. 스웨덴의 1950~80년대까지의 평균성장률은 3.8%였다. 스웨덴 모델의 가장 중요한 부분은 고도성장과 분배, 고용, 형평성, 복지다. 복지국가를 지향할 때 경제성장률 혹은 고용이 동반되지 않으면 복지의 재원 조달이 힘들어진다. 그래서 스웨덴 모델을 설명할 때 연평균 경제성장률 3.8%를 언급해야 한다.

스웨덴은 1947년 기초연금제도를 도입해 자산조사 없이 모든 노인에게 동일 수준의 연금급여를 제공했다. 이후 소득비례연금(ATP)을 두어 재직기간이 길고, 소득이 높은 노동자일수록 더 많은 연금을 수령하게 했다. 이 제도는 부르조아 정당과 재계의 반대가 있었지만 어렵게 통과됐고 이는 스웨덴의 보편주의적 복지국가 모델이 최종 승리한 사건으로 평가된다.

그러나 연금제도 개혁은 80년대 ATP 임금이 최고 높았던 시기를 기준으로 하기 때문에 국가의 부담이 커질 수밖에 없었고, 노동자들은 61세부터 조기 퇴직을 희망했다. 그러다 보니 연금재정 압박이 커질 수밖에 없었다. 그래서 2000년도에 새로운 연금제도가 도입되었다. 과거에 비교해 개인 부담이 상당히 증가했고, 조기 퇴직자를 감소시키는 대책을 썼다. 지금은 법적으로 67세까지 일할 수 있고 개인이 원할 경우 61세부터 요건을 충족해야 조기 퇴직을 할 수 있다.

이밖에 2006년부터 2014년까지는 우익정당 연합이 집권하면서 공공부문에 민영화를 진행하고 있다. 병원도 일부 민영화를 하고 있다. 그럼에도 불구하고 아직도 복지서비스는 99% 공공에 의해 이루어진다. 복지의 95%는 코뮌이라는 지자체 책임 하에 이루어지고 있다. 스웨덴 복지는 예방적 복지로 질병 발생률이 상당히 낮다. 1960~70년대까지만 해도 국가 책임이 절대적이었지만 1990년대 개혁

이후엔 개인 책임 속에 국가가 지원하고 있다. 그럼에도 불구하고 공공성이 아직까지 높은 비율을 차지하고 있다.

아울러 스웨덴은 실패를 딛고 성공할 수 있는 가능성이 매우 높다. 이는 노동시장이 유연하기 때문이다. 노동시장의 유연성은 결국 여유 있는 실업급여를 주기 때문이다. 1년 또는 1년 반 동안 실업급여를 통해 새로운 것을 공부할수 있다. 그 시기에 대학교 공부도 가능하고 열린 대학 시스템을 이용한다면 40대, 50대에도 대학에 입학해 재기할 수 있도록 기회를 준다.

스웨덴은 높은 세금으로 유명하다. 높은 세금은 경제 성장을 저하시킨다. 실제로 스웨덴은 1970년대에 세금이 높아지면서 경제성장률이 서서히 떨어졌다. 하지만 전 세계에서 가장 높은 세금 부담률에도 불구하고 GDP, 경제성장률이 다른 나라와 비교해 매우 높다. 이는 바로 복지제도에 해답이 있다. 스웨덴에서는 경제가 안 좋을 때 쏟아져 나온 실업자들이 재교육을 통해서 2년 내에 재취업할 수 있는 비율이 상당히 높다. 더욱이 스웨덴은 개인소득세가 낮고 기업의 사회복지세(29.2%) 비중이 높다. 기업이 돈을 더 많이 내는 구조다. 이와 함께 스웨덴은 국민들에게 일을 권하는 나라다.

스웨덴 고용진흥청을 방문했을 때 Clas Olsson 부청장은 노동 공급을 증가시키기 위해 핵심적 정책으로 '근로소득세감면 정책'을 추진한다고 밝혔다. 이 정책은 정부에서 제공하는 각종 사회보조금에 대해서도 세금을 내도록 되어 있는 기존 조세제도에서 근로를 통해서 벌어들인 소득의 경우 소득세를 감면하는 정책이다. 즉 노동을 통해서 벌어들인 소득에 대해서는 세금을 낮추고 각종 실업보험 수당이나 사회보험 급여를 통해서 받은 지원금에 대한 세금을 높게 유지하는 것이다. 이는 각종 수당에 의존하던 사람들이 일을 하게끔 한다. 실업보험 제도 자체를 바꾸지 않고도 조세제도를 개혁함으로써 실업보험의 울타리 안에 있던 사람들을 노동시장 안으로 이동할 수 있게끔 하는 것이다.

노르웨이를 방문했을 때도 많은 공부가 되었다. 노르웨이 노동당을 방문했을 때 재선의원이었던 Marianne 의원이 설명한 노동당의 복지제도 중 특히 여성의 사회참여와 높은 출산율에 대한 정책적 성공 사례는 그동안의 우리나라 정책과 비교할 수 있는 기회가 됐다. 2005년도부터 노르웨이는 복지제도 쪽으로 많은 개혁을 이뤄냈다. 그중의 한 예가, 만 1살이 넘은 아이는 모두 유아원에 다닐 수 있다는 것이다. 유아원에 내야 하는 돈은 모든 사람들이 감당할 수 있을 정도로 최대금액이 정해져 있기 때문이다.

이것은 사실 두 가지 의미에서 상당히 중요하다. 우선, 남녀평등의 의미에서 여자들이 사회참여를 할 수 있도록 도와주는 측면에서 중요하다. 두 번째로는 노르웨이의 경제적인 측면이다. 노르웨이 여성 사회 참여율은 OECD 평균보다 10%가 더 높다. 이런 여성의 사회참여는 보육시스템이 가져오는 경제적인 효과라고 볼 수 있다. 이는 노르웨이가 생산하는 석유보다 그 효과가 훨씬 더 크다 한다.

노르웨이는 여기서 멈추지 않고 출산휴가를 연장시켰다. 산모뿐만 아니라 아버지들도 출산휴가를 쓸 수 있도록 정했다. 12개월의 출산휴가가 있는데, 3개월은 반드시 산모가 3개월은 반드시 아버지가, 나머지 3개월은 산모나 아버지가 적절히 쓸 수 있게 했다. 만약 아버지가 쓸 수 있는 3개월의 휴가를 쓰지 않으면 산모도 쓸 수 없게 되며 이는 그냥 날려버리게 된다. 즉, 출산으로 여성만 자리를 비우는 것이 아니라는 것을 사회적으로 인식시키는 것이다.

이는 효과가 매우 컸다. 남부유럽이나 서부유럽에서 출산율이 저하되는 것에 대해서 여러 국가들이 골머리를 앓고 있지만 노르웨이는 그런 문제가 전혀 없다. 실제로 이

곳은 유럽에서 가장 높은 출산율을 기록 중이다. 나아가 노르웨이는 교육에도 초점을 맞추고 있다. 대부분의 노르웨이 아이들은 국립학교를 다닌다. 사립학교의 비중이 굉장히 적다. 이는 교육이 평등하게 이뤄져야 한다는 것에 대한 광범위한 공감대가 있기 때문이다. 그리고 이런 국립학교에 대해 노르웨이는 지속적으로 교사들을 증원하는 등 투자를 아끼지 않고 있다. 이런 점은 아주 부럽고 또 부러운 제도다. 우리나라는 교육으로 인해 아이를 낳지 않겠다는 부부가 있을 정도로 교육비 부담이 크다. 그것도 사교육비가 그렇다.

하지만 알아두자. 지금 대한민국의 문제는 북유럽을 보면 해결책이 있다는 것을 말이다. 예를 들어 저출산은 육아 휴직을 남녀 모두에게 의무적으로 적용시키고, 공교육을 강화하는 것으로도 어느 정도 해결이 될 수 있다. 그렇다고 무턱대고 북유럽의 복지를 끌고 올 수는 없다. 다만 고민은 해야 한다.

언제까지 우리의 고질적인 문제들을 방치할 수는 없다. 참고할만한 답이 있다면, 우리에게 맞는 것을 고민해야 한다. 물론 그 고민은 '국민들을 위하여'라는 명확하고 절대 불변의 전제가 있어야겠지만 말이다.

미·중 무역전쟁과
변화하는 세계경제

　최근 세계경제를 침체의 늪으로 끌고 가고 있는 것은 미·중 간 무역전쟁이다. 이 전쟁은 2018년 3월 미국 트럼프 행정부가 중국의 대미 수출품 500억 달러에 대한 관세를 부과하면서 시작되었다. 처음에는 미국이 그동안 계속되어온 막대한 규모의 대중 무역적자를 줄이고, 불공정 무역관행을 개선하기 위해서 미·중 간에 새로운 무역협정을 촉진하기 위한 트럼프 행정부의 단기적인 압박이라고 여겼다. 아니면 미국의 경제 패권에 위협이 될 정도까지 성장한 중국을 견제하기 위한 경제전쟁(과거 아테네와 스파르타 간에 벌어진 투키디데스의 함정) 정도로 분석하였다.

　그러나 미·중 무역 갈등이 길어지고 격한 상황으로 전

개되면서 전문가들은 원인을 좀 더 근본적인 곳에서 찾기 시작했다. 즉 단순히 무역수지 적자의 문제가 아니고, 글로벌 경제구조의 변화와 중국을 비롯한 개발도상국들의 성장에 따라 겪을 수밖에 없는 필연적인 선진국과 개발도상국 간 갈등일 수 있다는 분석이 나오고 있다.

이를 좀 더 자세히 살펴보면, 세계경제는 94년 WTO 출범을 계기로 중국을 비롯한 개발도상국은 제조업 중심의 저부가가치 산업, 선진국은 금융, 서비스 및 지적재산권과 같은 고부가가치 산업 위주로 성장해왔다. 이러한 제조업이 IoT(Internet of Things, 사물 인터넷), AI, 빅데이터 등으로 대변되는 4차 산업혁명을 거치면서 제조업이 첨단기술을 기반으로 하는 고부가가치 산업으로 발전했고 개발도상국들은 선진국의 경제를 위협하는 수준까지 성장하였다. 결국 미국을 비롯한 선진국들은 과거 자유무역으로 성장한 글로벌 제조 분업체계가 더 이상 선진국에 도움이 되지 않게 되었고, 고부가가치 첨단 제조업들을 자국으로 들어오게 해 고부가가치 제조업을 육성할 필요를 느끼게 되었다.

그래서 미국을 비롯한 선진국들은 자유무역질서를 유지하기보다는 보호무역주의를 강화함으로써 기업들의 리쇼어링(Reshoring)[1]을 촉진하고, 국가 간 새로운 무역협정을 체결함으로써 개발도상국의 서비스 시장 개방, 지적재산권 보호 강화 등을 통해 그들로부터 추가적인 부가가치를 확보하려는 시도를 지속하고 있다.

또 중국을 비롯한 제조업 강국들의 4차 산업 일부 핵심기술이 미국을 추월하는 등 미국의 기술 패권이 위협을 받게 된 상황도 선진국들이 첨단 제조업기술을 보호하고, 보호무역 의지를 강화하게 된 이유이기도 하다. 2019년 3월 독일 특허 데이터베이스 기업인 IP리틱스에 따르면, 국가별 5G 관련 첨단기술 특허 보유 비중을 보면 중국이 34.02%로 1위, 한국이 25.8%로 2위를 차지했는데 미국은 13.5%로 4위에 그치는 등 이미 첨단기술에 있어 선진국을 추월하고 있다.

따라서 미·중 간 무역 갈등은 트럼프 대통령 특유의 자국중심주의적 무역 압박 전술이라기보다 누가 대통령이 되었든 이러한 세계 산업구조의 변화에 따라 불가피하게 치를 수밖에 없는 무역전쟁이라는 것에 대부분의 전문가

1] 리쇼어링은 해외에 진출한 국내 제조 기업을 다시 국내로 돌아오도록 하는 정책이다. 저렴한 인건비를 이유로 해외로 공장을 옮기는 오프쇼어링과는 반대되는 말이다.

들이 동의하고 있다. 미·중 간 무역갈등이 격화되고 기간이 길어질수록 무역의존도가 높은 우리나라(약 68%, 일본은 약 28%, 우리나라의 대중 수출 비중 26%)의 경우 글로벌 교역이 줄어들면서 가장 큰 타격을 받고 있다. 물론 무역전쟁 당사자인 중국과 미국의 경제도 글로벌 경제 위축과 서로 간 경쟁적 관세부과로 교역 감소와 투자위축으로 이어졌고 경기침체에 진입할 가능성이 매우 높아지고 있다.

다만, 미국의 중요한 정치적 일정(2020년 대통령 선거)을 앞두고 있어서, 트럼프 행정부는 미·중 간 무역 갈등을 언제까지 끌고 갈 수만은 없을 것이다. 이런 상태로 무역갈등이 지속된다면 미국도 필연적으로 경기침체에 빠질 수밖에 없고, 이때 미국의 대선이 치러진다면 트럼프 대통령의 재선 가능성은 매우 낮아지기 때문이다.

결국 미·중 간 무역전쟁 종결은 아닐지라도 휴전에 준하는 협상이 이루어질 가능성이 매우 높으며, 이럴 경우 미·중 무역전쟁 여파로 위축되었던 글로벌 경제는 적어도 내년 미국 대선까지는 시간을 벌게 되어, 우리나라도 당분간 이러한 글로벌 경제 흐름에 적응하는 기회를 확보할 수 있을 것이다

미·중 간, 선진국과 개발도상국 간 무역 갈등 또는 기술 갈등에 따른 보호무역주의 강화 흐름은 앞으로도 지속될 것으로 예상된다. 우리나라 정부와 기업들은 이러한 세계 경제질서의 변화 흐름에 철저히 대비하고 체질을 강화하는 데 힘을 모아야 할 것이다.

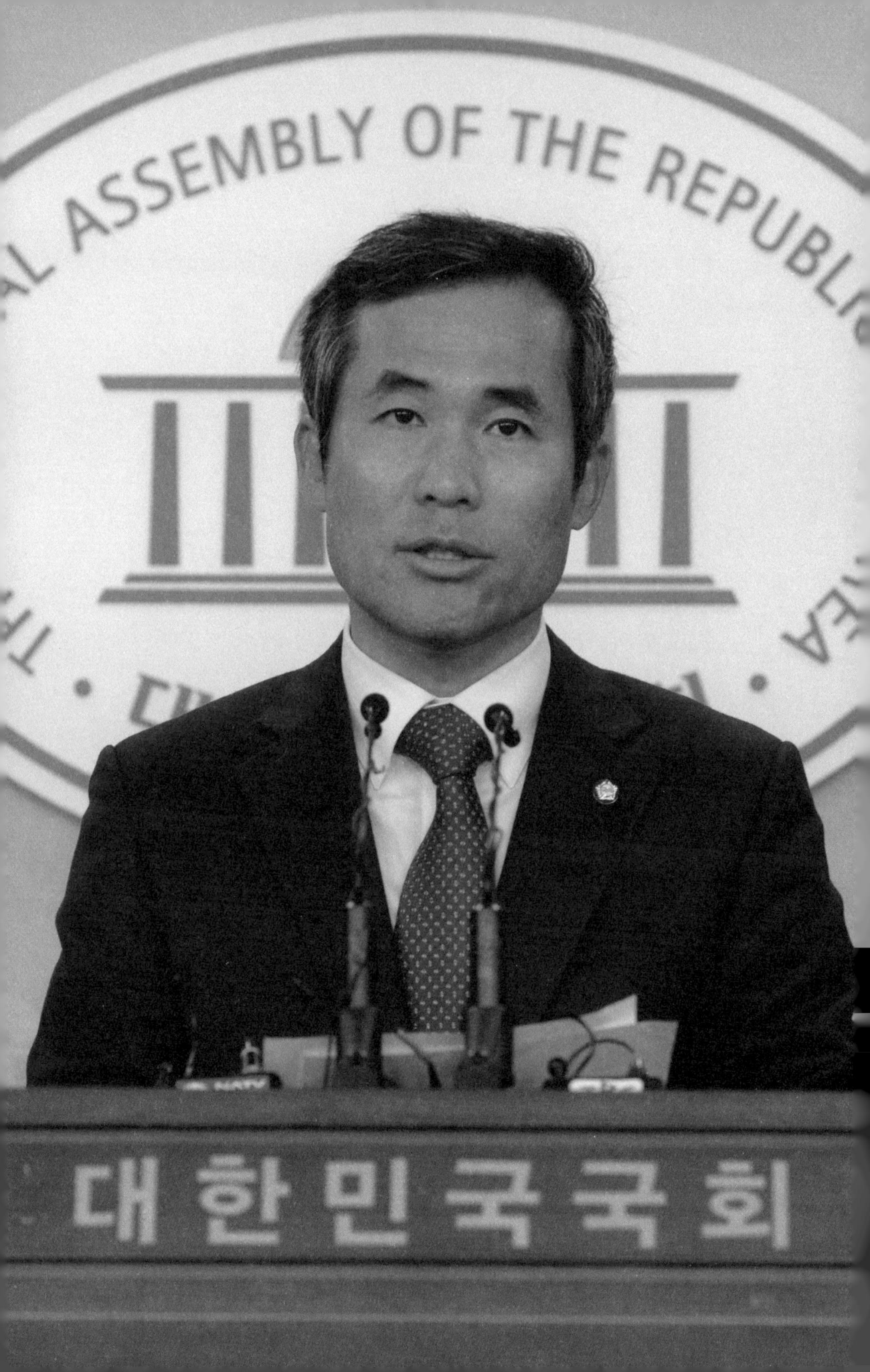
AL ASSEMBLY OF THE REPUBLIC
대한민국국회

한·일 경제전쟁과
아베의 군국주의 부활

2019년 7월 일본은 우리나라 대법원의 일제강제징용배상판결을 빌미로 반도체 주요 핵심소재의 수출규제강화를 주요 내용으로 하는 '한국에 대한 수출관리운용 재검토' 조치(화이트리스트 제외)를 발표하면서 한국에 대한 경제제재를 시작하였다.

이에 우리나라는 강경한 유감 표명과 함께 대화를 통한 경제제재 원상회복을 타진하였으나, 일본은 안보와 국가 간 신뢰 운운하며 경제제재를 계획대로 밀고 나갔다. 그래서 결국 8월 2일 수출무역관리령 개정으로 한국을 화이트리스트에서 제외하고 일본의 전략물자 수출품 중 1,120개 품목을 수출통제대상으로 지정하였다. 이에 우리나라도 지소미아 종료를 선언하는 등 상응 조치로 대응하였다. 일본이 우리나라를 화이트리스트에서 제외한 조치는 한국을 경제적으로 통제하려고 하기 때문이다. 일본 기업이 한국으로 해당 품목을 수출하기 위해서는 과거 포괄 허가에서 건별로 수출심사와 허가를 받는 절차를 거쳐야 한다. 이 때문에 일본 정부가 마음대로 해당 품목에 대한 수출 제한 등을 할 수 있게 되는 것이다.

이로 인해 국내 기업들은 첨단 제품 제조에 소요되는 소재나 장비에 대한 조달이 원활하게 이루어지지 못할 가능성이 있다. 그리고 제품 생산과 납기에 대한 불확실성이 커져서 수출의존도가 높은 국내경제에 상당한 타격이 불가피할 것이다. 물론 해당 제품을 수출하는 일본기업들의 피해도 피할 수 없을 것이다. 그럼에도 불구하고 아베 정부가 한국에 대한 경제제재를 강행한 것은 그 피해가 일본보다는 한국에 더 치명적일 것이라는 계산을 했을지도 모른다.

이렇듯 한국뿐만 아니라 일본의 기업들에 상당한 피해가 예상되는 상황인데도 아베 정부는 왜 한국에 대한 경제전쟁을 밀어붙였을까? 한국 대법원의 강제징용배상판결을 되돌리려는 목적뿐이었을까? 아니면 그 뒤에 보이지 않은 다른 목적이 있지는 않을까?

현재의 아베 내각의 정치적 배경을 살펴보면 위와 같은 의문에 대한 답을 찾을 수 있다. 아베 총리는 2013년 총리에 당선된 직후 자신의 정치적 고향인 야마구치현에 있는 '요시다 쇼인' 신사를 첫 번째로 참배하였다. 요시다 쇼인은 메이지 유신의 정신적 지도자이자 사상가로서 막부시대 혁파와 정한론을 주창하였으며, 그의 사상이 제자인 이토 히로부미와 조선총독을 지낸 데라우치 마사다케 등에 의해서 대동아공영론으로 발전하였다.

그리고 이들의 사상을 이어받은 이가 아베 총리의 외할아버지이자 A급 전범이였던 기시 노부스케였으며, 그를 원류로 하는 자민당 비주류가 아베 총리의 당선을 계기로 부상하게 되었다. 이들은 레이와(令和) 시대 출범과 함께 전후 70년의 평화헌법 체제를 혁파하고 전쟁할 수 있는 일본을 만드는 것을 목표로 하고 있다. 어찌 보면 요시다 쇼인의 막부시대 혁파와 정한론의 현대판 버전과 크게 다르지 않다. 요시다 쇼인의 눈으로 세계를 바라보고 있는 아베의 눈에는 한국은 정한론의 연장선에 있다고 볼 수 있다.

만약 아베 정권의 한국에 대한 경제제재가 이러한 사상

적 배경을 가지고 있다면 강제징용·배상판결이 없다 하더라도 이번과 같은 한·일 간 경제 갈등이 일어날 수밖에 없었을 것이다. 또 갈등이 증폭되어 일본 내에서 평화헌법 개정이 성공하여 전쟁할 수 있는 국가가 될 때까지 지속될 것이다.

그러나 2000년대 중반 이후 한·일 간의 경제구조는 과거의 일명 가마우지 경제체제에서 벗어나 협력과 경쟁 관계로 바뀌었고, 상품교역, 서비스무역, 금융관계 등 어느 한 분야에서 한쪽이 일방적인 우위를 점하지 못한 관계로 변모하였다는 것을 고려하면 한·일 간 경제전쟁으로 인해 일본의 피해는 아베가 당초 예상했던 것보다 훨씬 크거나, 오히려 한국의 기술적 자립도만 키워주는 결과를 초래할 수도 있다.

실제로 이러한 조짐이 나타나고 있는 듯하다. 우리나라 국민들의 자발적 불매운동과 일본 여행 자제 등으로 관광에 의존해온 일본 지방경제에 피해가 확산되고 있고, 또 일본이 규제대상에 포함한 반도체 핵심소재의 국산화 및 조달처 다변화 노력이 일부분 성과를 내고 있는 것으로 확인되고 있다.

이렇듯 한·일 경제전쟁으로 인한 영향이 예상과 달리 일본의 기업과 경제에 피해가 더 커지는 상황으로 전개된다면 아베 정부가 한발 물러설 가능성도 배제할 수는 없으나, 평화헌법이 개정될 때까지 경제제재를 장기화할 의도가 분명한 이상, 현실적으로 존재하는 일부 첨단소재나 부품의 한·일 간 기술 차이 때문에 국내 기업과 경제에 미치는 부정적 영향은 상당할 것으로 예상된다.

그렇지만 한·일 무역 규제와 관련된 소재 부품산업에 대한 정부의 적극적인 지원과 기업들의 국산화 대응 노력이 효과를 발휘한다면, 탈재팬과 한국 제조업의 리쇼어링 흐름을 만들어 국산 소재부품 산업 경쟁력 강화에 오히려 좋은 기회가 될 수도 있을 것이다.

221

한반도 평화정착과
빛나는 코리아를 향한 도전

　북한의 6차 핵실험 이후 전쟁 위기로 치닫던 한반도는
문재인 정부의 적극적인 대화 노력으로 인해 북한이 지난
2018년 2월 평창 동계올림픽에 김여정 노동당 부부장이
포함된 고위급대표단을 파견하면서 극적인 대화국면으로
전환됐다. 이어 4월 27일 문재인 대통령과 김정은 위원장
의 1차 정상회담을 시작으로 같은 해 5월 26일 판문점 통
일각에서 2차 정상회담이 열린다. 이후 우여곡절 끝에 같
은 해 6월 싱가포르 1차 북미정상회담과 9월 평양에서 3
차 남북정상회담이 개최되는 등 북한과의 비핵화 협상이
진행되었다.

비록, 2019년 2월 하노이에서 열린 2차 북미정상회담이 결렬되면서 잠시 소강 국면에 빠지기도 했으나 한반도의 비핵화와 항구적 평화체제를 구축하기 위한 북미 간 또는 남북 간 치열한 협상은 이후에도 꾸준히 이어지고 있다. 이러한 가운데 문재인 대통령은 임시정부 수립 100주년이 되는 2019년 8·15 경축사를 통해서 "현 정부가 추진하고 있는 한반도 평화경제는 우리 미래의 핵심적 도전이자 기회이며, 한반도의 운명을 바꾸는 일로써, 남북 간 경협이 활성화되어 8,000만 평화경제가 정착되고 통일경제까지 발전한다면 우리 경제는 세계 6위권의 경제 강국이 될 것"이라고 주장했다.

즉, 한국경제의 미래를 위해서라도 반드시 북·미 간 협상을 통한 한반도의 평화체제가 구축되어야 한다는 것을 다시 한번 강조한 것이다. 이에 일부 보수진영의 정치인들은 기술력이 일천하고, 소득이 낮아 소비 여력도 없는 북한과의 경제협력은 일방적인 퍼주기일 뿐 경제적 이득은 거의 없다고 비판하기도 한다. 물론 한국의 1970년대 수준에 불과한 북한과 남한의 현재 경제력만 놓고 본다면 이러한 비판이 일면 타당할 수도 있다. 하지만 한국경제 상황을 좀 더 냉철하고 미래 지향적 관점에서 살펴보면 이러한 시각이 과거 냉전적 시각에 불과하다는 것을 금방 알 수 있을 것이다.

한국경제가 처한 상황을 냉정하게 보자면 대외적으로 세계 각국의 보호무역주의가 강화되면서 더 이상 수출에만 의존하여 성장을 지속하기가 쉽지 않다는 것이다. 더군다나 내적으로는 최악의 저출산으로 인구구조가 급격하게 노령화의 길로 가고 있다. 도로나 철도 등 SOC 투자도 이미 포화상태라 내부적 투자만으로 경제성장을 기대하기 어려운 상황이다. 다시 말해 우리나라가 새로운 성장동력을 찾지 못한다면 일본처럼 장기침체국면에 빠질 수밖에 없는 위기에 직면하고 있다는 것이다.

국내 금융시장에는 투자처를 찾지 못한 부동자금(현금통화, 요구불예금, 수시입출금식 저축성예금, MMF 등)이 2019년 현재 1,200조 원에 육박한 것으로 파악되고 있으며, 기업들도 막대한 자금을 축적하고도 투자처를 찾지 못해 내부유보만 쌓고 있는 상황이다. 또한 한국은행은 2019년~2020년 한국 잠재성장률을 기존의 2.7%~2.8%에서 2.5%~2.6%로 0.2% 낮게 추정하였다고 발표한 바 있으며, 이렇게 잠재성장률이 낮아지는 이유는 15세 이상 생산가능 인구 감소에 주로 기인한다고 분석하였다.

이는 우리나라의 경우 여성 1명 당 1명에도 미치지 못하는 세계에서 가장 심각한 저출산율이 지속되고 있음을 생각할 때 생산가능 인구 감소, 인구구조의 노령화 추세가 앞으로 더욱더 가팔라질 것은 불을 보듯 뻔한 상황이고, 일본의 사례에서 보듯 한국경제가 저성장 또는 장기침체에 빠지는 것은 피할 수 없는 미래임을 보여주고 있다.

그래서 한국경제가 일본과 같은 장기침체에 빠지지 않고 활력을 이어가기 위해서는 침체되어 있는 경제주체들의 경제활동 의지를 충분히 자극할 수 있는 강력한 투자처가 필요한데 그게 바로 북한이다. 즉, 일본 등 다른 나라가 갖지 못한 북한이라는 투자대상을 우리는 갖고 있는 것이다. 북·미 간 핵 협상이 잘 진척되어 종전선언, 평화협정이 이루어지고, 각종 경제제재가 해소된다면 북한의 개혁개방과 경제개발이 단기간 내에 본격화될 수 있다는 것이다.

그러한 상황에서 투자 기회들을 살펴보면, 먼저 북한의 SOC 투자 기회이다. 북한의 경제개발 과정은 아마도 철도, 도로, 항만, 전력과 같은 사회 기반시설에 대한 투자가 제일 먼저 진행되고, 그 토대 위에 제조업과 서비스업 등 새로운 산업에 대한 투자가 이어질 것으로 예상된다. 국회

예산정책처에서 대북투자가 한국경제의 산업 부문별 생산과 고용에 미치는 파급효과를 분석한 자료에 따르면 장기적으로 생산유발 효과는 1,726조 원에 이르고, 취업 유발 효과도 1,117만 명에 이를 것으로 추정된다.

이 중에 특히 건설 부문의 생산 유발효과는 623조 원으로 전체의 36%를 차지하고, 취업 유발효과는 477만 명으로 43%에 이를 것으로 분석되었는데, 그만큼 북한의 개방 초기 SOC 투자가 국내 경제에 미치는 긍정적 영향은 상상을 초월할 정도로 클 것으로 예상된다.

다음은 제조업 전초기지로서 북한의 매력이다. 이 또한 세계 어느 곳에 비추어도 비교가 되지 않을 정도로 탁월하다. 현대경제연구원 분석자료(개성공단 2011년 기준)에 의하면 북한은 잘 교육된 양질의 노동력을 보유하고 있으면서도 임금수준은 베트남의 66%, 중국의 32%에 불과하고, 토지비용도 중국과 베트남의 1/5수준에 불과한 것으로 파악되고 있어서 정치적 안정성만 보장된다면 우리나라 기업뿐만 아니라 미국을 비롯한 글로벌 기업들의 제조공장이 북한에 들어가지 않을 이유가 없을 것이다. 특히 우리나라 기업들은 북한과의 언어적 소통이 원활하기 때문에 더욱 매력적일 수 있다. 트럼프 미국 대통령이 입버

룻처럼 이야기하고 있는 '엄청난 잠재력을 가진 나라'라는 말이 허언이 아니라고 하겠다.

또 하나는 북한은 한국경제의 미래 내수시장으로서의 잠재력 또한 매우 중요한 의미를 갖는다. 일반적으로 한 국가가 외부에 의존하지 않고 자생적 경제 체력을 갖기 위해서는 일정 수준의 인구수를 기반으로 하는 내수시장을 갖고 있어야 하며 그에 필요한 인구수를 통상 1억 명 내외로 보는 시각이 있어 왔다. 이러한 근거로 한국은 인구수가 5천만 명에 불과하여 자생력 있는 내수시장을 가질 수 없어 항상 대외 의존적인 경제구조에서 탈피하지 못할 것이라는 시각이 있어 왔다.

그러나 남북이 한 경제권으로 통합된다면 7,500만의 내수시장을 갖게 되어 어쩌면 대외 의존적 경제구조에서 자생력 있는 경제구조로 발전할 수 있다는 것이다. 그러나 인구수만으로 내수시장이 만들어지는 것은 아니기 때문에 설사 단일 내수시장이 형성된다 하더라도 그건 먼 미래의 일일 것이다. 적어도 북한의 1인당 GDP가 1만 5,000달러 이상까지는 성장을 해야 내수시장으로서의 의미를 갖기 때문이다.

이외에도 희토류를 비롯한 풍부한 광물자원, 관광자원,

중국횡단철도 및 시베리아횡단철도 등 동북아 물류 중심지, 러시아 가스관 사업 등 북한 개발의 잠재력은 무궁무진하다. 너무 희망적인 이야기라고 생각할 수도 있다.

그렇다면 여기서 잠시 통일 독일의 이야기를 해보자. 현대경제연구원의 '독일통일 25주년의 경제적 성과와 한계[1]'라는 보고서를 보면, 독일 경제는 1990년 통일한 뒤 2000년대 중반 이후부터 경제개혁과 지속적인 구동독 지역 개발로 통일경제의 강점을 여실히 보여주어왔다. 유럽 내 절대적인 제1위의 내수시장으로 도약했고 경제규모도 꾸준히 확대됐다.

또 외국인 투자 유입이 늘어나고 노동 비용도 상대적으로 낮게 유지되었다. 여기에 제조업 생산기지로서 구동독 지역이 활용되면서 수출 경쟁력도 제고되었다. 아울러 구동독 지역의 경제·생활 여건도 개선되었다. 구동독 지역 (베를린 제외)의 1인당 GDP는 통일 이후 연평균 5.5%로 빠르게 증가하면서 구서독 대비 약 67% 수준으로 높아졌다. 세부적으로 살펴보면 1990년 10월 3일 하나로 통합된 독일은 구동독 지역의 기존 산업 붕괴, 최고 11%대의 실업

---

1) 이해정·조호정, 독일통일 25주년의 경제적 성과와 한계, 현대경제연구원.

률 등으로 2000년대 초반까지는 활력을 상실했었다. 그러나 2000년대 중반 이후 경제 개혁과 구동독 지역 개발을 바탕으로 국가 경쟁력이 상승하면서 주요 벤치마킹 국가로 발돋움하였다.

실제로 독일의 국가 경쟁력은 1997년 16위에서 2014년 6위로 상승했고, 2015년은 10위를 기록하였다. G7 국가들 중 캐나다를 제외하고 유일하게 경쟁력이 상승한 것이다. 또한, 독일은 국가신용등급도 G7 국가들 중 캐나다와 더불어 국제 3대 신용등급기관에서 모두 AAA의 최고 등급을 유지하고 있다. 이런 배경에는 통일 이후, 인구 통합으로 유럽 내 절대적인 1위 내수시장으로 자리매김하면서부터다. 통일 이후, 독일 인구는 약 8,000만 명으로 유럽 내에서 절대적인 1위의 내수시장 규모를 달성했다.

독일의 GDP 규모도 통일 이후 지속적으로 성장했는데, 이는 구동독 지역의 발전 등이 크게 기여했기 때문이다. 통일 이후, 독일의 명목 GDP는 1991년 1.5조 유로에서 2013년 2.7조 유로로 약 80% 늘어났다. 특히, 구동독 지역의 GDP 규모는 동 기간 1,060억 유로에서 3,000억 유로로 늘었고 독일 경제에서 차지하는 비중도 6.9%에서 11%로 확대되었다. 구동독 지역의 실질 GDP 성장률은

1992~2013년 평균 2.8%로 구서독 1.2%보다 2배 이상으로 빠르게 성장하였다. 외국인 투자 유입이 늘어나고 노동비용도 상대적으로 낮은 수준을 유지하여 통일 이후, 정치적 리스크 축소, 확대된 내수시장, 지정학적 위치의 강점 등이 부각되면서 외국인 직접투자 유입 규모가 확대되었다.

산업도 바뀌었다. 구동독은 통일 초기에는 건설업 비중이 높았지만, 이후 제조업과 서비스업 비중이 확대되면서 구서독과 산업구조가 유사하게 변화되었다. 구동독 지역 (베를린 제외)의 산업구조는 1991년 서비스업 62.5%, 제조업 14.0% 건설업 12.1%, 농림어업 3.1%로 건설업 비중이 상대적으로 높았다. 그러나 통일 이후 구서독의 자동차, ICT, 기계 등과 관련된 글로벌 기업들의 투자가 확대되면서 제조업과 서비스업의 비중이 꾸준히 늘어났고 2013년 기준 제조업 17.3%, 서비스업 68.6%로 구서독 지역과 산업 구조의 유사성이 확대되었다. 이렇게 구동독 지역이 생산 기지화되면서 수출 가격 경쟁력이 높아졌고 이는 독일 총수출 증대에도 긍정적으로 작용하였다.

독일의 총수출은 1991년 3,404억 유로에서 2014년 1조 1,335억 유로로 약 3배 증가하였다. 특히, 구동독 지역의 수출도 동 기간 88억 유로에서 845억 유로로 약 9배 증가했고 총수출에서 차지하는 비중도 2.6%에서 7.5%로 상승하였다. 특히, 구동독 지역 기업들은 ICT, 바이오 등 최첨단 클러스터들이 조성된 만큼 이들 품목의 수출이 늘어나고 중·동유럽에 대한 교역 브릿지 역할도 확대되었다. 구동독 지역(베를린 제외)의 1인당 GDP는 통일 이후 연평균 5.5%로 빠르게 증가하면서 구서독 대비 약 67%로 성장하였다. 구동독의 1인당 GDP는 1991년 7,330유로에서 2013년 2만 3,585유로로 연평균 5.5%로 빠르게 증가했다.

물론 독일처럼 성공적으로 통일을 이루는 것은 결코 쉬운 일이 아니다. 이를 위해서는 정부와 민간의 노력이 절실함은 당연지사다. 현 대한민국 통일부의 통일 절차를 살펴보면 '통일은 하나의 민족공동체를 건설하는 방향에서 점진적·단계적으로 이루어 나가야 한다.'는 기조가 성립되어 있다. 이를 과정으로 풀이하면 화해·협력단계 → 남북연합단계 → 통일국가 완성단계의 3단계다.

1단계인 '화해·협력단계'는 지금 바로 우리가 해야 할 일이다. 정확히는 아직 이 1단계조차 겨우 한 걸음 뗐을 뿐이며, 과거 김대중 정부에서 시도했던 것이 문재인 정부 들어서야 가시화되고 있는 형국이다. (물론 여기에도 엄청난 반대가 있지만) 남북이 적대와 불신·대립관계를 청산하고, 상호 신뢰 속에 긴장을 완화하고 화해를 정착시켜나가면서 실질적인 교류 협력을 실시함으로써 평화공존을 추구해나가는 단계다.

즉 남북이 상호 체제를 인정하고 존중하는 가운데 분단 상태를 평화적으로 관리하면서 경제·사회·문화 등 각 분야의 교류 협력을 통해 상호 적대감과 불신을 해소해나가는 단계다. 이러한 1단계 과정을 거치면서 남북은 상호신뢰를 바탕으로 민족 동질성을 회복하면서 본격적으로 통일을 준비하는 방향으로 나가게 된다. 이것이 풀어져야만 다음 단계인 남북연합에서 통일국가로 넘어가게 된다.

그렇다면 화해·협력단계에서 우리가 해야 할 일은 무엇인가. 멀리 볼 것 없다. 그동안 해왔던 일들을 다시 진행하면 된다. 이산가족 상봉과 금강산 관광, 개성공단 운영 재개 등이 그것이다. 이를 바탕으로 횡단 철도 건설, 민간 교류, 기업 교류, 나아가 인력 교류까지 이어져야만 한다. 이를 위해서 남측이 준비해야 할 가장 급선무는 바로 통일에 대한 담론 형성과 통일의 필요성, 그리고 북한에 대한 인식 전환이다. 더 이상 정치적 목적으로 북한을 이용해서는 안 된다는 것이다.

한 가지 확실한 것은 남북통일은 우리의 현대사에 어마어마한 변화를 줄 것이라는 점이다. 그것도 장기적 전망에서 볼 때 긍정적인 쪽으로 말이다. 상식적으로 북한의 지하자원과 인적 자원에 남한 기술력과 자본력의 결합은 어떻게 보더라도 매력적인 결과를 도출할 수 있다.

만약 남과 북이 한반도의 명운을 주도하지 못한 상황에서, 북한이 개방될 경우 우리에게 최악이 될 수 있다. 중국, 일본, 러시아 등 주변국뿐만 아니라 미국 영국 독일 등 세계 열강들이 북한을 가만 놔둘 리가 없기 때문이다. 대부분의 강대국은 북한경제가 개방되기만을 호시탐탐 기다리고 있는 상황이다. 어떻든 한반도 평화 시대가 구축되고 북한이 개혁개방의 길로 나선다면 우리에게 큰 기회가 주어진다는 것은 분명한 사실이며, 그리고 우선권을 부여잡아야 하는 것도 명확한 과제다.

그러니 통일을 아주 먼 이야기, 혹은 북한 현 체제 몰락이후의 이야기 정도로 미루게 된다면, 우리는 경제 재도약의 엄청난 기회를 눈 뜨고 날리게 될 수도 있을 것이다. 그만큼 남북통일 과정에서 항구적 한반도 평화 정착은 엄청난 기회이자 대한민국이 강대국 진입으로의 시작점이라는 것을 강조하고 싶다.

제4부

김승남이
걸어온 길

1987년
전남대 총학생회장에 선출

"박관현 전남대 총학생회장을 살려내라!"

나의 이야기를 하려면 꽤 오래전으로 돌아가야 한다. 고흥 촌놈이 광주로 올라왔고, 세상을 궁금해하던 시점으로 거슬러 올라가야 하기 때문이다. 1980년대는 피와 눈물과 최루탄, 폭력과 항거, 단결과 승리 그리고 패배가 모두 공존했던 시대였다. 내가 그런 시대에서 눈을 처음 뜬 것은 1982년, 고등학교 2학년 때였다.

내가 다니던 전남고등학교는 광주 무등경기장을 사이에 두고 전남대와 가까웠다. 그해 10월쯤의 일이다. 학교 운동장이 온통 최루가스 냄새로 가득했다. 대학생들은 운동장을 가로질러 담을 넘어서 광천동 쪽으로 뛰어가고 있었다. 경찰들은 대학생들의 뒤를 쫓고 있었다. 운동장 곳곳에는 '광주 시민 여러분! 모입시다! 오늘 오후 7시 충장로 우체국 앞'이라는 작은 전단지가 뿌려져 나뒹굴고 있었다.

그 광경을 보던 3학년 선배 중 몇몇은 "5·18 때 전남대 총학생회장을 했던 박관현 형이 죽었대. 교도소에서 단식 투쟁을 하다가 그런 거래. 그래서 전남대생들이 들고 일어났다고 하네."라며 속삭였다. 살풍경한 장면들이 지나가자 학교는 다시 수선스러워졌다. 그러자 나는 궁금해졌다. 왜 박관현 전남대 총학생회장이 교도소에서 죽어 나왔는지, 왜 대학생들이 경찰에 쫓기면서까지 데모를 해야만 하는지 말이다. 그래서 운동장에서 나뒹구는 작은 전단지를 주워 손에 쥐고 교실로 들어왔다.

"애들아! 우리도 이따가 우체국으로 한번 나가볼까?"

어느새 나는 같은 반 급우들에게 제안을 하고 있었다. 그리고는 전단지에 적힌 글을 그대로 칠판에 썼다.

'광주 시민 여러분! 모입시다! 오늘 오후 7시 충장로 우체국 앞'

그러자 한 친구가 "야, 너 이런 거 쓰면 잡혀가! 인마!"라며 쏜살같이 나와서 칠판지우개로 글을 지워버렸다. 나는 그날부터 며칠 동안 시내에 모인 대학생들은 어떻게 되었을까 궁금했다. 또 교도소에서 죽음에 이르기까지 전남대 총학생회장 박관현이 누구인지 답답한 마음에 한동안 공부에 집중하지 못했다. 그나마 자취방으로 돌아오면 집주인 아저씨와 아주머니 친구분들이 가끔 단편적이나마 궁금증을 해소해주곤 했다.

"전두환이가 나쁜 놈이지, 한창인 젊은이를 잡아다가 그것도 학생회장을 저렇게 만들었으니…."

"감옥에서 오죽했으면 수십일 씩 단식을 했을까?"

"광주사람들이 가만히 있지 않을 것이여."

그렇게 4년이 흘렀다. 1986년 11월, 박관현이라는 대학생 형님이 궁금했던 나는 훌쩍 커서 전남대 총학생회장에 출마해 당선됐다. 그 기간 나는 박관현이라는 사람과 5공 정권, 그리고 우리 사회에 대해 많은 것을 알아가고 있었다. 우선 84학번인 나는 대학에 입학하자마자 '독서 잔디'라는 써클 활동을 통해 획일화된 사고의 틀에서 벗어나기 시작했다. 그리고 각종 학내 집회에 빠지지 않고 적극적으로 참여했다. 그러면서 5·18이 왜 일어났는지, 남과 북이 왜 분단되었는지 등 과거 주입식 교육에서 비롯된 잘못되고 왜곡된 역사와 현실에 대해 자각하기 시작했다.

이때 전남대는 학과 내 학생들의 자치활동을 위한 학회가 결성되었는데, 나는 1학년 2학기 때부터 써클에서 학회로 옮겨 학과 중심의 학생운동에 참여하였다. 나를 포함한 상당히 많은 학우들은 학업도 중요하지만 암울한 군사독재 치하에서 민주화 시대를 이끌어내고 정의를 바로 세우는 일의 선봉장 역할은 학생들 몫이라고 생각했다.

그래서 더욱 학생운동에 몰입했다. 이윽고 대학 3학년 때는 학과 회장을 맡게 되었다. 그래서 학회 내 분과활동을 통한 학생들의 활발한 학회활동 등을 지원하고 이끌어내는데 열정을 쏟아부었다. 당시 나는 100여 개 학과 회장 중 학회활동을 가장 활발하게 잘했다는 평가를 받았다. 그래서 학생운동조직에서 차기 학생회장 후보군 중 단일화 과정을 거쳐 후보로 추천이 됐다. 이른바 현역 운동권 후보가 된 것이다.

선거는 총학생회장과 부학생회장 러닝 메이트제로 후보 등록을 했고, 총 다섯 후보가 출마하였다. 2만여 학생들이 참여하여 총투표수 중 기호 3번이었던 내가 약 49%의 압도적인 득표율로 선출됐다. 당시 나는 '87 총학생회 실천 3원칙'으로 <1. 학원문제 해결의 주체가 된다. 2. 민주집중제의 원칙을 확립한다. 3. 사회제반 모순척결의 선봉장이 된

다>를 제시했으며 실천목표를 다섯 가지로 설정했다.

첫째. 자주 민주 통일을 위한 강고한 연대투쟁 전개

· 전국 및 호남지역 학생연합 결성

· 총학생회, 총여학생회와 11개 단과대학 학생회의 힘찬 결집

· 민중 생계 지원 및 연대투쟁

둘째. 전남대학 관리 운영 협의회 구성

· 평교수 협의회 부활 촉구(총장 직접선출)

· 학생, 교수 협의체 구성

셋째. 대학 자치권 수호 및 자율성 확보

· 학칙개정: 졸업정원제 폐지, 유급제, 학사경고제 개선,

  학생자치활동 제약조항 철폐

· 학생회비의 효율적인 예산집행 및 공개

· 기성회비 사용내역 공개 및 장학제도 개선

· 언론협의회 구성: 언론3사 자율성 확보

넷째. 학생인권복지 위원회의 활동 강화

· 단과대학 인권복지 위원회 결성 및 강화

· 구내 소비조합 학생자치 운영 및 관리

· 취업대책위 결성: 고급인력 여성 취업난 공동 대처

· 도서관 증축 및 시설확대

· 보건진료소 시설 확장 및 제도 개선

· 5월 위령탑 건립(5·18광장 봉지)

· 대운동장 스탠드 건설 추진

다섯째. 민족대학 공동체 문화 정립

· 백제문화권 계승을 위한 갑오농민제 개최

· 전국학생연합의 5월제와 10월 실천대회 개최

· 총학회 연합회(학회활동 총체적 수렴)

위 공약을 보면 총학생회가 반독재 투쟁에만 몰두한 것이 아니라 학생들의 권익 등 학원 민주화의 목표를 내걸고 구체적이며 실천적인 공약들을 제시한 것을 알 수 있을 것이다. 공약은 학우들에게 충분히 어필이 되었고 총학생회와 학생들 간에 신뢰 관계가 구축됐다.

1986년 11월에 총학생회장으로 선출되었고, 정식 출범은 이듬해 3월에 예정되어 있었다. 그러나 당시의 시국은 잠시라도 틈을 주지 않았다. 곧바로 신년 1월이 되자 서울대생 박종철 군 고문치사 사건이 터지면서 87년 총학생회 팀은 곧바로 시위를 주도하기 시작했다. 총학생회 출범 이후 4·13 호헌철폐와 대통령직선제를 내걸고 싸웠던 6월 항쟁 때까지 쉼 없이 학내외 투쟁을 전개하였다. 당시 2만 전남대 학우들의 도움이 없었다면 5월 투쟁도 6월 항쟁도 쉽지 않았을 것이다.

특히 이러한 반독재투쟁과 함께했던 학원민주화 투쟁 결과, 6월 항쟁 이후 1988년 국립 전남대학교에서 총장직 선제가 실제로 실현되었고, 80년 이후 전국 최초로 직선 총장(오병문 총장)이 선출되는, 학원 민주화의 성과를 냈다.

1987년 봄, 전남대 총학생회장 시절, 각 학생회 임원들과 함께
(앞 줄 가운데)

1987년 6월 항쟁과 광주

1980년대는 엄혹한 시기였으며, 또 희망의 시기였다. 어둠이 짙어지는 10년이었으나 그 어둠에 저항하는 사람들의 목소리가 높아지던 시기였다. 어쩌면 1990년대보다 1980년대가 민주주의를 향한 갈망이 더욱 높았던 시기였다고 할 수 있다. 그리고 그때 나는 20대 중반기에 접어든 피 끓는 청년이었다. 영화로 나온 '1987'의 1987년은 더욱 기억에 남는 한해였다.

1987년 6월 항쟁은 5·18광주민중항쟁을 총칼로 진압하고 권력을 장악한 전두환 독재정권의 정권연장 획책에 맞서 대한민국 대통령은 체육관 선거가 아닌 국민의 직접 투표로 선출해야 한다는 "호헌철폐, 독재타도"의 구호를 내걸고 '대통령직선제 개헌'을 요구하며 전 국민이 투쟁했던 국민혁명이었다. 당시 전남대학교 총학생회장이었던 나는 1987년 새해 벽두부터 불어닥친 서울대생 박종철 군 고문치사 사건을 시작으로 호헌철폐 투쟁, 5월 투쟁, 최루탄추방 운동, 6월 항쟁과 이한열 열사 장례식, 남대협과 전대협 결성 그리고 대선 투쟁까지 학생 대중들과 함께 호흡하며 민주정부 수립이라는 일념만을 위해 싸우고 또 싸웠다.

6월 항쟁이 성공할 수 있었던 것은 70년대 유신독재 때부터 80년 5월을 거치면서 이후 광주를 비롯한 전국의 청년 학생들과 민주인사들이 수년 동안 수많은 수배, 연행, 고문, 강제징집과 구속을 당해가며 정의를 위해 몸을 던지고 투쟁을 멈추지 않았기 때문이라고 생각한다.

지난 2017년 6월 16일은 전남대 6월 항쟁 30주년을 기념하는 날이었다. 1987년 광주의 6월 항쟁 도화선이 된 날이 바로 16일이었기 때문이다. 당시 항쟁에 참여했던 전남대생 84~87학번들 200여 명이 한자리에 모였다. 감회가 새로웠다. 다들 각자 삶의 터전에서 살아온 이야기들을 시작으로 30년 전 불굴의 의지로 최루가스를 마시며 진압경찰과 맞서 싸웠던 이야기를 나누었다. 그리고 사회변혁을 부르짖던 당시의 모습들을 회상하였다. 또 30년이 지난 오늘을 진단하기도 했다. 매우 뜻깊은 자리였다.

　이날은 특별하게 30년 전 서울지역 6월 항쟁의 주역으로 당시 '서울지역대학생 대표자협의회' 의장이었고 이후 '전대협'의장 출신인 이인영 의원도 함께했다. 또 '85년 전남대 삼민투위원장 강기정 선배와 당시 민주헌법쟁취 국민운동본부에 참가했던 김상집 선배님 등 몇몇 분이 자리를 빛내 주셨다.

　전남대에서 특별하게 6월 10일이 아닌 6월 16일로 기념일을 잡은 것은 나름대로 이유가 있다. 6월 16일은 전남대 학생들의 삭발과 혈서 투쟁이 거행된 날로 그때부터 광주의 6월 투쟁이 본격화되었기 때문이다. 특히 긴 생머리에 옥색 저고리와 검정 치마를 입었던 박춘애(사범대 84) 총여학생회장의 삭발은 당시 전남대생이라면 모두가 기억하고 있을 6월 항쟁의 명장면이었다.

　일부 기록물에서는 광주의 6월 항쟁이 서울이나 부산처럼 6.10대회 이후 지속적인 가두시위로 연결시키지 못했다며 전남대 학생운동 조직을 변변치 못한 학생운동 조직으로 깎아내리기도 하지만 그것은 당시 전남대 상황을 잘못 이해한 무지에서 나온 편견이다. 전남대는 이미 6월 9일부터 3일간 용봉축제 일정이 3월부터 잡혀 있었기 때문이다.

당시 전남대 학생운동 조직은 서울에 있는 어느 대학 못지않게 역량이 컸다. 당시 우리가 가두 투쟁의 장소로 삼았던 광주우체국 앞이나 충장로 조흥은행 사거리에는 시위 일정이 결정되면 1시간 이내에 모일 수 있는 학생 조직이 700여 명이 넘었다. 당시 그런 학생운동 세력을 보유한 대학은 전국에 전남대를 비롯한 몇 개 대학뿐이었다. 내가 기억하기로도 여러 차례 조선대 및 타 대학 학내민주화 투쟁 과정에 전남대 학생운동 조직이 지원 투쟁을 하였고 그로 인해 조선대 등 다른 대학의 학원민주화 투쟁의 전환점을 만들어냈다.

그만큼 투쟁 조직역량이 극대화한 상태였다. 전남대가 당시에 학생운동 조직을 탄탄하게 할 수 있었던 것은 1986년 총학생회를 비롯한 공개조직과 비공개조직 등에서 발생했던 사투 논쟁, 이른바 '반미구국투쟁위원회'와 '반제 반파쇼 민족민주투쟁위원회'로 분열되었던 분파 투쟁을 조기에 종식하고 공동투쟁을 해오면서 학생운동 조직을 극대화했기 때문이라고 생각한다.

또 '1987년 5월 투쟁 과정에서도 변변한 가두 투쟁을 못했다'라는 기록 또한 날조된 것이다. 이는 반드시 바로잡아야 한다고 생각한다. 87년 신년 벽두에 터진 박종철 군

고문치사 사건을 시발점으로 전남대 총학생회는 출범도 시작하기 전 전국대학생들과 함께 투쟁대열에 나섰다. 그리고 3월 총학생회 출범과 함께 반독재 투쟁위원회를 발족시켰다. '반외세 반독재 구국 학생 투쟁위원회' 이른바 '구학투' 투위장은 83학번 문현승 학우가 맡았고 이후 정찬호(인문대 84), 김창수(인문대 84), 이창권(경영대 84), 김현옥(사범대 84) 등 여러 명의 84동지들이 투쟁위원회에 합류해주었다.

당시 총학생회는 학원민주화 투쟁을 주도했고, 투쟁 위원회는 수배나 구속을 감수하고 학내외 시위를 주도하였다. 역할분담을 통해 철저히 조직을 보호해가며 역량을 키워 나갔다. 4·13호헌조치가 내려지면서 총학생회도 학원민주화 투쟁에서 '호헌철폐, 독재타도' 구호를 내걸고 단식투쟁을 시작으로 반독재투쟁의 전면전에 나섰다. 4·19혁명일을 맞아 단식을 풀고 본격적인 반독재 투쟁 대열에 나선 것이다. 5월 투쟁은 전남대에서 호남지역 학생 연합체인 '호학련'을 결성하여 투쟁할 정도로 대규모의 싸움을 벌였으며 당시 진압경찰은 2,500여 명 학생들의 가두 진출을 봉쇄하기 위해서 페퍼포그를 앞세우고 학내로 진입하여 최루탄과 지랄탄을 쏘는 상황이 연출되기도 하였다.

이때도 투위가 만들어졌다. 5월 학살 원흉처단 및 호헌분쇄특별위원회(오투위)는 최완욱(자연대 84)이 맡았으며 나민주(공대 84), 이광일(수의대 84) 동지들이 전면에 나서주었다. 이후 전남대에서 6월 투쟁이 5일 늦어진 데는 앞서 밝힌 대로 전남대 축제인 용봉축제 일정이 있었기 때문이다. 6·10대회 이후 5일간 투쟁을 지연했다는 이유로 광주의 학생운동을 깎아내려 기록한 것은 매우 잘못된 것이다.

　전남대 학생운동이 조직화되어 있지 못했다면 어떻게 6월 16일 5,000여 명의 학생들이 모여 가두 투쟁을 선언하며 시민들과 함께 광주의 6월 투쟁을 시작할 수 있었겠는가. '민주헌법쟁취 광주전남 국민운동본부'가 결성되어 가두시위 등을 계획할 때 학생 대표로 참여했는데 당시 시민사회단체에서는 오히려 모든 조직역량을 전남대 학생조직에만 의존하고 기댄 상태였고, 전남대생들의 참여만을 기다리고 있는 실정이었다.

　결국 광주의 6월 항쟁은 전남대생들이 가두로 진출하면서 6월 16일부터 6월 27일까지 진행되었고, 광주의 투쟁은 그야말로 불꽃같이 타올랐다. 더군다나 광주 진흥고 출신 연세대 이한열 군이 6·10대회 과정에서 최루탄을 맞고

쓰러졌다는 소식을 들은 광주시민들의 마음은 더욱 활활 불타올랐다. 그 당시에도 호헌철폐 및 최루탄추방대책위를 꾸려 거리의 시민들과 함께 했다. 대책위는 이용빈(의예 2) 부학생회장이 맡아주었다. 80년 5월 이후 다시 학생들과 하나가 되어 뜨거운 6월의 햇살 아래서도 굴하지 않고 해가 저물어도 쉼 없이 싸웠다.

서현교회와 금남로, 충장로에서 경찰과 대치하고 한 치의 양보 없이 '호헌철폐 독재타도' 구호를 외치며 반독재 투쟁은 매일같이 지속되었다. 광주시민들도 7년 전 5·18 때와 마찬가지로 학생들을 숨겨주고 먹을 것을 지원해주는 일에 앞장섰다. 당시에 시민들이 1천 원, 2천 원씩 낸 성금이 쌓여 수십만 원씩 총학생회실로 접수되곤 했다.

이렇듯 광주시민들이 6월 항쟁의 중심에 서자, 신군부는 당초 6월 19일 계엄령이나 위수령을 검토하기로 했다가 결국 취소하게 된다. 신군부의 이러한 후퇴는 7년 전 광주 5·18을 의식하지 않을 수 없는 상황에서 취해진 결정이었다. 바로 광주의 힘이었다. 전남대 6월 항쟁 30주년 행사에서 나는 자신있게 말했다.

"6월 항쟁의 시작은 명동성당 투쟁으로부터 시작한 서대협 친구들이 도화선이 되었다면, 6월 항쟁의 마무리는 전남대생들과 광주시민들의 힘이었다."

그랬다. 그동안 6월 항쟁 당시 학생운동에 참여했던 동지들이나 후배들은 나서서 자신들이 싸웠던 기록과 무용담을 이야기하지 않았다. 그 이유는 6월 항쟁은 단순한 학생운동권 그룹의 산물이 아니었기 때문이다. 80년 5월, 아니 그 이전부터 민주화를 위해 싸워왔던 청년 학생, 노동자들, 민주시민들의 반 독재 투쟁 등 선배 동지들의 희생으로 이뤄진 투쟁의 축적물이기 때문이다.

나는 아직도 잊지 않고 있다. 대학 1학년 때 경찰이 던진 돌에 맞아 머리를 다친 학생과 불법 연행된 학우들의 진상 규명과 연행된 학생을 석방하라며 학내 시험 거부 투쟁을 하였을 때 묵묵히 자신의 기득권을 포기하고 시험 거부에 동참해준 이름 없는 학우들의 값진 의식과 행동을 말이다. 그들이 아니었다면 오늘의 6월 항쟁 결과물도 만들어내지 못했을 것이다. 6월 항쟁의 주역은 바로 이름 없이 싸워준 당시의 학생·대중들과 넥타이부대로 일컬어지는 애국시민들이었기 때문이다.

그래서 박근혜를 탄핵한 온 국민의 촛불혁명처럼 6월 항쟁을 국민 항쟁이라고 지칭한다. 왜냐하면 6월 항쟁은 누구의 소유물이 아닌 그 시대 모든 학생들과 거리로 나온 국민들이 만들어낸 결과물이요, 승리이기 때문이다.

늦게나마 항쟁 당시 전남대 졸업생을 중심으로 '전남대 6월 항쟁 동지회'(회장 조이권)를 발족하였다. 그리고 일부 단체에 의해 왜곡된 기록물을 바로잡고 광주의 6월 항쟁을 상세히 기록하여 역사에 남기는 일을 하겠다며 '전남대 6월 항쟁 출판위원회'도 만들어 활동하고 있다. 퍽 다행으로 생각한다. 제대로 된 6월 항쟁 기록물이 나올 것으로 기대한다.

나는 지금도 이름 없이 학생운동 과정에서, 6월 항쟁 대열에서 묵묵히 함께 해주었던 수많은 학우들께 무한한 동지애를 느끼며 살아가고 있다.

전남대 6월 항쟁 30주년 기념사

우리 세대에게 운명처럼 다가왔던 1987년! 그 청춘의 열정과 불굴의 의지가 우리 현대사의 한 페이지로 장식된 지 어언 30년의 세월이 흘렀습니다. 6월 항쟁은 신군부에게 빼앗긴 국민주권을 다시 찾아온 시민혁명이었습니다. 6월 항쟁은 80년 5·18의 미완의 혁명을 이어받은 제2 5·18항쟁의 완결판이었습니다.

87년 6월은 정치권, 시민사회, 학생, 노동 부문 등이 결합하여 민주헌법쟁취 국민운동본부를 결성하였고, 조직적이고 지속적인 투쟁을 20여 일간 벌여 전국적으로 이어간 국민항쟁이었습니다. 87년 광주의 6월은 좀 늦었지만 결정적인 투쟁으로 이어졌습니다. 87년 6월 16일 도서관 앞 5·18광장에서 삭발 투쟁으로 불꽃을 지피며 결의를 다지고, 당산나무 그늘 아래서 수천 명의 학우들과 두려움을 떨쳐내고 손에 손잡고, 용봉동 300번지의 담을 넘어 금남로로 충장로로 활화산처럼 폭발해 나간 우리들의 젊음과 용기와 값진 희생의 대가가 있었기에 6·29항복선언을 받아낼 수 있었습니다.

30년 후 오늘, 우리는 아직도 분단된 사회, 불평등의 사회 어느 구석구석에서 이 시대를 힘겹게 살아가야 하는 또 다른 젊은이들의 엄마로 아빠로 살아가면서 때로는 파란 불꽃을 퉁기며 영원히 사라지지 않았다는 것을 보여주고 있습니다. 2016~2017년 촛불혁명! 그것은 아무리 국민의 선택에 의해 위임된 권력일지라도 국민주권을 무시하거나 억압한다면 시민들의 힘에 의해 결국 무너진다는 것을 보여준 민주주의의 결정체였습니다. 국민주권 시대의 시작이었습니다.

이제부터 시작입니다. 87년 이후 군부 잔재 청산 때문에 못했고, 외환위기로 실현하지 못했고, 기득권 세력에 부딪혀 실패했던 평등주의 실현을 위한 경제민주화, 복지사회 구축을 반드시 실현해야 하며, 남과 북의 통일을 위해 부단히 국민주권이 작동되도록 해야 할 것입니다. 통일은 우리 시대 억압된 국민주권을 걷어내고 민족주권으로 승화하는 마지막 국민주권의 결정체가 될 것입니다.

30년 만에 다시 모여 봅시다. 그리고 그동안의 삶에 격려와 정을 나누는 자리를 만들어 주십시오.

끝으로 이 자리를 빌려 학창 시절 정의와 대의를 위해 자신을 드러내지 않고 항상 희생을 마다하지 않으며 감내해주신 전남대 학우 여러분께 머리 숙여 감사의 인사를 드립니다.

2017. 6. 16

전남대 6월 항쟁 30주년 행사준비위원장 김승남

1988년 그해 내 이름은 169였다

내가 구속되었던 때는 1988년이었다. 서울 올림픽이 열리던 해였다. 당시 나는 6월 11일 '남북청년학생체육회담'을 촉구하는 정부종합청사 시위에 가담했다가 연행돼, 종로경찰서에서 조사를 받고 난 후 구속되었다. 감옥생활은 서울구치소에서 시작했는데 그때 나의 수번이 '169'번이었다.

1987년, 학생회장 임기를 다 마치고 수배돼 이듬해인 88년 6월에 구속되었던 터라 학우들에게 미안함은 덜했던 것 같다. 그래서인지 솔직히 홀가분한 마음도 없지 않았다. 하지만 양 김 단일화 실패로 민주정권을 수립하지 못하고 민정당 노태우에게 정권을 도둑맞은 상황은 여전히 내 안의 울분을 끓게 하는 중이었다. 나는 청춘이었고 분노하고 있었다.

　내가 입소한 구치소는 경기도 의왕에 위치했다. 당시만 해도 지은 지 얼마 되지 않은 새 건물이었다. 좁긴 했지만 방과 여닫이문 사이에 수세식 화장실도 있었다. 옥중 생활은 재소자들이 여럿이 쓰는 혼거 방에서 시작됐다. 5~6평 정도의 방에서 7~8인 정도의 재소자들이 함께 동거를 했다. 내가 갇힌 방은 1층이었는데 큰 복도 쪽은 독방이 몇 개 있었고 그 옆으로 혼거 방이 배치되어 있었다. 그런데 독방에 1985년 '구미 유학생 간첩단 사건'으로 억울하게 사형선고를 받은 양동화 선배가 복역 중이었다. 신문에서만 보았던 그 양동화 선배였다. 양 선배는 사형수라는 게 믿어지지 않을 정도로 얼굴이 평안해 보였고 우리들에게 친절했다.

　구치소 분위기는 나쁘지 않았다. 왜냐하면 그때에는 학생운동을 하고 감옥에 들어온 우리들을 두고 재소자들이 '독립군'이라고 부르곤 했기 때문이다. 특히나 6월 항쟁을 통해 대통령직선제를 쟁취했기 때문에 시국사범으로 들어왔다 하면 다들 고생이 많았다, 큰일을 하고 왔다며 박수를 보내주었다.

거기에는 그럴만한 이유가 있었다. 구치소나 교도소 분위기는 담장 밖 사회의 분위기와 서로 밀접한 상관관계가 있다. 군사독재정권이 기승을 부릴 때는 구치소, 교도소 재소자들의 인권도 무시되기 일쑤였다. 그러나 6월 항쟁이 전국적으로 일어나고 6·29 항복 선언이 발표되자 동시에 구치소의 분위기도 바뀌었던 것이다.

나는 가끔 교도소 안에서 투옥된 학생들과 함께 재소자 인권 문제와 5·18 학살책임자 처벌을 요구하는 시위를 하곤 했다. 교도소 안에서 시위라고 하는 것은 밥그릇을 창살에 두드리며 시끄럽게 구호를 외치는 것이었는데 일명 샤우팅이었다. 나는 그때마다 징벌을 먹고 독방으로 갔지만 며칠 만에 다시 혼거 방으로 돌아왔다. 나는 독방 체질이 아니었다.

조용하게 책을 보거나 주위 사람을 의식하지 않은 면에서는 독방이 딱 맞았지만, 그곳에서 나는 유독 저녁에 잠이 잘 오지 않았다. 또 혼거 방에서도 책을 읽을 수 있었고, 종이로 만든 바둑알과 판으로 바둑을 둘 수 있었다. 무엇보다 재소자들과 윷놀이를 할 수 있었기 때문에 시간을 보내기에는 거기가 안성맞춤이었다. 어쩌면 나는 관계를 맺는 게 좋았는지도 모르겠다. 사람과 사람 사이의 정(情)

말이다.

　내가 처음 들어간 방은 주로 폭행을 하고 들어온 재소자들이 있었다. 한 달쯤 지나자 폭력범들이 다른 방으로 가고, 향정신성의약품관리법 위반자 즉 마약 하다 들어온 재소자들과 경제사범들이 들어왔다. 서울구치소에서는 혼거방에 있는 사람들을 한 곳에 오랫동안 두지 않았다. 범죄 행위를 배우거나 출소 후 모의를 방지하기 위해서였다. 더욱이 마약을 하고 들어온 재소자들은 죄의식이 별로 없었다. 내 돈 주고 내가 사는 기호품인데 왜 국가가 간섭하냐는 식이었다.

　그러다 보니 나는 서울구치소에 들어간 지 한 달 만에 가장 오래 기거한 방장이 되었다. 방장의 자리는 화장실과 멀고 바깥 창과 가까운 관물대 바로 옆이었다. 누워서 손을 뻗으면 관물대에서 책을 꺼내 볼 수 있는 위치였다. 혼거 방에서는 하루 1시간가량 운동 시간과 접견 시간이 있었다. 이외에는 좁은 공간에서 공동생활을 하다 보니 성격이 안 맞은 재소자끼리 서로 신경질과 싸움이 잦았다. 또 면회자가 들여보낸 영치품 중엔 가끔 간식도 들어오곤 했는데 혼자 먹을 경우에는 여지없이 왕따를 시켜버리곤 했다.

하지만 내가 방장이 된 후부터는 간식이 들어왔을 때 공평하게 나눠 먹었다. 오징어가 들어왔을 때 머리와 몸통과 발을 나눌 경우엔 반드시 윷놀이를 하게 했고 1등은 몸통, 2등은 발, 3등은 머리를 먹게 했다. 가족이 면회 한번 오지 않는 재소자들도 가끔 있었지만 여하튼 우리 방에서는 차별 없이 먹는 것만큼은 공평하게 나누며 생활했다. 그렇다 보니 영치금이 많고 면회가 잦은 범털들은 처음에 불만이 많았다. 다른 방으로 보내달라는 이기적인 재소자도 있었다. 나는 그런 사람들을 설득했다.

"학생들이 독재정권과 싸운 이유는 국민들 손으로 대통령을 뽑아 민주 정부를 수립하고자 하는 것도 있지만, 보다 근본적인 이유는 우리 사회를 보다 평등한 사회, 힘없고 빽이 없어도 차별받지 않고 누구나 인간다운 삶을 살수 있는 사회를 만들고자 하는 것입니다. 그리고 분단을 극복하고 통일을 이루는 것도 우리 세대가 할 일이라고 여기고 희생을 무릅쓰고 싸웠던 것입니다. 우리가 감방에 들어와 있는 것은 1차적으로 우리의 잘못도 있지만 약육강식의 논리가 지배하는 사회구조적 문제 때문인 경우가 많습니다. 이곳도 어떻게 보면 작은 공동체이니 서로 나누며 살아야 되지 않겠습니까."

이런 설득에 결국 재소자들은 어린 독립군의 의견을 들어주곤 했었다. 재소자들 중 일부는 변호사의 도움 없이 재판을 받았다. 1심에서 예상보다 많은 형량을 받은 재소자들은 항소를 하는데 항소이유서를 쓸 때 대부분 학생들이 도와주었다. 나도 생각보다 1심 형량을 많이 받은 억울한 몇몇 재소자들의 항소이유서를 써 주곤 했다. 법을 전공하지는 않았지만 이야기를 자세히 들어보고 유사 재소자들과 비교해보면 형평성에 안 맞는 재판 결과라는 것을 알 수 있었기 때문이다.

구치소 안의 재소자들은 재판 결과를 예측하는데 십중팔구는 그들의 예측대로 들어맞았다. 유사 범죄가 많았고, 변호사나 전과가 많은 재소자들에게 들은 풍월이나 폭력행위 등 간단한 죄에 대해서는 법 조항까지 암기하고 있는 재소자들도 많았기 때문이다. 내가 항소이유서를 써준 재소자 중 한 친구는 1심보다 항소심에서 형량이 많이 깎였다. 그래서 타 교도소로 이감 가면서 눈물을 글썽였다. 그는 고맙다며 오징어와 비타민제를 사주고 가기도 했다.

나는 1심에서 실형 1년을 선고받았다. 집행 유예를 예측했는데 의외의 재판 결과였다. 화염병을 들었다는 이유로 재판부는 실형을 선고했다. 실형을 선고 받았기 때문에

6개월 정도 더 옥살이를 해야 했다. 다시 서울구치소로 돌아오자 사형수 양동화 선배가 언제 만들어 놓았는지 막걸리가 들어 있는 델몬트 팩을 나에게 건네주었다. 요구르트를 빵가루와 발효시켜 만들었다는데, 진짜 막걸리와 비슷했다. 나중에 들었지만 여름에 2주 정도면 막걸리 맛이 나는 술을 만들 수 있다고 했다.

그리고 며칠 후 나는 안양교도소로 이감이 됐다. 안양교도소는 지어진 지 오래된 낡은 건물이었다. 재래식 화장실이었기 때문에 용무를 보고 난 후에는 반드시 물을 붓고 냄새가 나지 않게 도구를 이용해 변기를 막아놓아야 했다. 설상가상으로 그때부터 추위도 시작되었다. 바닥이 찬데다 침낭 안에서 잠을 자다 보면 몸이 허약해졌는지 식은땀을 자주 흘렸고 온몸에 피부병이 번지기 시작했다.

교도소 내 진료를 받았으나 잠을 이루기 힘들 정도로 상태가 악화되어갔다. 안양교도소로 이감된지 두 달쯤 되었을까. 12월 말 구속 취하 조치가 내려지면서 나는 석방됐다. 국회에서 5공 청문회, 5·18진상규명 청문회가 끝나고 여야 간 합의사항으로 전국의 양심수 석방조치가 결정되면서 나도 불구속 상태가 된 것이다.

감옥을 나설 때 나는 말로 표현하기 힘들 정도로 짜릿함을 느꼈다. 나중에 나는 군대에 입대하여 병장 전역을 했는데 비교해보면 군대에서 전역할 때보다 감옥에서 출소하는 기쁨이 더 크다는 것을 직접 느낄 수 있었다. 누가 그랬던가? 감옥에서 출소할 때의 기분이 너무 좋아 또 데모를 하고 투쟁을 한다고.

구여재 불고독(狗與在 不孤獨)

이번 장은 개인적인 이야기를 해볼까 한다. 내가 군대 생활을 '개 부대'에서 했다고 하면 다들 웃는다. 우선 학생운동 하다가 감옥 갔다 온 놈이 무슨 군대 생활이냐고 의아해하고 개 부대가 뭔지 잘 몰라(보충역 방위도 아니고) 장

狗與在 不孤獨 개와 함께 있으면 외롭지 않다는 뜻이다. 오늘날 우리나라에서도 핵가족과 혼자 사는 사람들이 늘어나면서 애완견, 반려견들과 함께 생활하는 사람들이 급속히 증가하고 있다. 혼자 기거하는 사람들 중 외로움을 느끼는 사람들이 그만큼 늘어났다는 방증이다. 반려동물이 사람에게 정서적으로 상당한 안정을 가져다주는 것은 틀림없다. 반려 인구 천만 시대라고 한다. 그러다 보니 사회적 문제도 발생하고 있다. 반려동물에 대한 사회적 의식변화와 올바른 문화 정착, 그리고 독일 등 반려동물 선진국처럼 이에 대한 제도적 장치가 마련되어야 할 것이다.

난치는 말일 거라고 웃는다.

나는 1987년 대선을 며칠 앞둔 12월 12일, 12·12군사반란자 처벌 촉구를 위한 전국의 민정당사 화염병 투척 사건 배후조종 혐의로 수배 생활을 했다. 그러다 이듬해 6월 정부종합청사 남북청년학생회담 촉구 시위로 구속되어 투옥 생활을 하는 바람에 출소한 후 부족한 학점을 채워 졸업했다. 그리고 늦깎이로 만 스물여섯의 나이에 군대에 입대하게 되었다.

그때는 학생운동을 하다 투옥되어 집행유예 이상의 형을 받으면 군 입대 면제 조처를 받았다. 그런데 병역법이 1989년 초반에 바뀌면서 실형 이상 형을 받은 피의자들만 군 면제 조처가 내려졌다. 집행유예 이하의 판결자는 모조리 군대 입대 대상자가 되었다. 1988년 말 5공청문회 이후 양심수들이 대거 석방 조치로 풀려났지만 나는 2심 재판이 종결되지 않아 불구속 상태에 있었고 재판 결과 집행유예를 받아 군대 입영대상이 되었다.

1991년 내가 군대에 갈 무렵에는 윤석양 이병이 군보안사(지금 기무대)에서 민간인 사찰을 하고 있다는 폭로를 해서 온 나라가 시끄러웠던 시절이었다. 윤 이병은 보안사가 정치인, 재야인사, 언론인 등 총 1,300여 명을 뒷조사하

거나 감시하는 역할을 했다고 양심선언을 했다. 당시 노무
현 등 재야인사들 대다수가 그 명단에 들어갔고, 나를 포
함한 전국 대학의 총학생회장들도 사찰명단에 이름을 올
렸다. 나중에 확인한 이야기지만, 시골 우리 집도 당시 단
기사병(방위병)을 시켜서 사방에서 감시하라는 지시를 내
렸다고 한다. 그래서 사병들이 사진 등을 찍어 보고했다는
사실을 알았고 그것이 보안사의 만행임을 확인할 수 있었
다.

이런 상황에서 나는 1991년 겨울, 춘천 102보충대에 입
대하여 홍천훈련소에서 신병교육을 받았다. 그리고 춘천
에 있는 제1군견훈련소로 자대배치를 받았다. 훈련소에서
훈련을 마치고 군견대에 자대배치를 받았을 때는 도대체
군견대가 뭘 하는 곳인지도 몰랐다. 무슨 헌병대와 비슷한
부대인지 알았다.

부대 내에 위치한 견사는 옥외와 옥내로 구분되어 있었
는데 낮에는 밖에서 저녁에는 옥내 견사로 이동을 반복했
다. 처음에는 셰퍼드들이 너무 비슷하여 이름과 생김새가
도통 구분이 가지 않았다. 그렇다 보니 견사로 옮기는 과정
에서 제대로 들여보내지 못하고 바뀌는 경우가 많았다. 그
때마다 고참들에게 핀잔을 들어야만 했다.

이등병 때는 아침마다 개똥을 치우고 깔판을 깨끗이 청소하는 일을 했다. 처음에는 군화나 바지에 개똥이 묻어 냄새가 진동했지만 그 일도 짬밥이 늘어나니 능수능란해졌다. 군견훈련소에서는 독일견 셰퍼드를 번식부터 관리한다. 10개월이 되면 기본훈련을 시작으로 폭약탐지훈련, 추적훈련, 수색훈련을 통해 군견으로 육성하여 전방부대로 보내는 역할을 한다. 전방 GP 등에 투입된 군견들은 거의가 우리 부대에서 훈련을 마친 군견들이다. 군견들은 사람의 10만 배 이상의 후각 능력을 가지고 있다.

과거 북한에서 무장공비들이 우리 지역으로 많이 침투해 왔을 때 군견들의 역할이 대단했다고 한다. 수색과의 추적견들이 무장공비를 찾아냈을 때는 각종 포상이 이루어졌는데 일반 병들보다 계급이 높은 군견도 있었다는 우스갯소리도 있었다. 그러나 내가 군견훈련소에 근무할 때는 북한에서 무장공비나 간첩을 전혀 내려보내지 않는 상황이었다. 그래서 주로 국내 자연재해나 안전사고 현장 등에 가끔 투입하곤 했다.

2019년 7월 23일 충북 청주의 한 야산에서 가족과 헤어진 조은누리 양이 실종 열흘 만에 구조된 사건에서 조 양을 살린 건 다름 아닌 육군 32사단 셰퍼드 수색견 '달관이'였다. 달관이도 아마 내가 근무했던 군견훈련소에서 태어나 훈련을 마치고 32사단 수색대로 파견되지 않았을까 짐작된다.

학생운동의 이력을 가진 내가 뒤늦게 군대 생활을 하면서도 이념적 정신적으로 안정을 유지할 수 있었던 것은 어쩌면 셰퍼드 군견과의 생활 덕분인지도 모른다. 영리한 셰퍼드는 지능이 세 살짜리 아이와 같다고 한다. 군견은 군견병이 잘 대해준 만큼 주인에게 충성을 한다. 우리는 매일 부대 뒤에 있는 산으로 추적 훈련을 나갔다. 산길과 길 없는 숲길 또는 깊은 산속에 숨어 있어도 어느새 나를 찾아낸다. 셰퍼드는 대단한 후각 능력을 갖고 있다.

나는 그런 경험으로 지금도 폭약탐지 훈련, 추적 등의 훈련을 시킬 수 있다. 이렇게 나는 특이한 군경력을 가지고 있는 대한민국 국민의 한 사람이 되었다.

군견대 근무시절, 추적·수색훈련을 마치고
(앞 줄 세 번째)

첫 직장, 첫 출마

내 사회생활의 첫 시작은 정당에서부터였다. 26살에 늦깎이로 군대에 입대해 제대를 하자마자 고흥 시골집으로 전화 한 통화가 걸려왔다. 문희상 국회의원의 전화였다. 지금은 국회의장을 하고 계시지만 1993년도에는 초선 의원으로 민주당 이기택 대표 비서실장이었다. 당시 당 대변인은 초선 박지원 의원이었다.

"저 문희상 의원입니다. 김승남 씨를 당 대표실 비서로 했으면 하는 추천이 들어왔는데 한 번 국회로 올라와 주셨으면 좋겠습니다."

당시에 당 대표실에서는 학생운동 경력을 가진 총학생회장 출신들을 당에 영입해야 한다는 의견이 모아졌다. 전남대 총학생회장 출신인 나와 1년 후배인 손용후였다. 그는 서울대 총학생회장을 했었다. 여러 경로를 통해 추천되었던 우리는 고심 끝에 당에 들어가게 되었다. 이른바 전대협 출신이 공식적으로 제도권에 들어가게 된 시초가 된 것이다.

그때부터 나의 정치권 생활이 시작되었다. 아마 그때 정당에 들어가지 않았다면 정치와 거리를 둔 채 다른 직업을 갖고 평범한 생활을 했을지도 모른다. 그때부터 지금까지 나는 국회의원 선거에 두 번 도전해서 실패하고 세 번째 당선되는 행운을 안았다.

첫 도전은 만 30살의 나이에 했는데 15대 국회인, 1996년도 총선이었다. 김대중-이기택 두 분에 의해 만들어졌던 통합민주당은 1992년 대선에서 패배한 후 1995년 지방 선거를 앞두고 분당되었다. 1993년 여름, 민주당에 들어갈 때만 해도 분당이라는 것은 상상할 수도 없었지만, 막상 확고한 지역 기반을 갖고 있는 거물 정치인들에 의해 신당이 추진되자 분당은 급속하게 가속화되었다.

나의 의지와 무관하게 당이 쪼개진 것이다. 내가 출마했던 곳은 1994년 1월 23일에 아내와 결혼해 신접살림을 차렸던 경기도 광명시 을 지역이었다. 당시 여당인 신한국당 후보는 손학규, 새정치국민회의 후보는 김은호, 자민련은

271

차종태 후보였다. 나는 민주당 공천을 받고 출마했으나 낙선하고 말았다.

민주당 전체가 몇 석 건지지 못하고 참패한 15대 총선이었다. 당시의 정치 지형은 영·호남과 충청지역으로 분할되어 지역주의 선거가 극에 달한 시기였다. 지역 기반이 없는 민주당 후보로서, 정치초년병인 내가 당선될 거라고 생각하진 않았다. 하지만 선거에서 표로 심판을 받아 떨어진다는 것이 참으로 가혹한 형벌이라는 것을 젊은 시절 그때 처음 느껴 보았다.

당시 돌이 지난 아들 현조를 성남 고모 댁에 맡겨놓고 선거를 치르면서 아내는 울기도 많이 울었다. 돈도 없었다. 선거비용도 겨우 마련하여 치렀다. 광주에서 대학 후배들이 올라와 선거를 도와주었고, 전대협 동기 후배들, 서울에 사는 동창들이 선거운동 기간, 광명을 오가며 선거를 도와주었던 기억이 아직도 또렷하다. 참으로 무모한 일이었다. 달걀로 바위 치기 선거를 치른 셈이었다.

이후 드디어 김대중 대통령이 정권교체에 성공하였다. 나는 대학을 다녔던 광주로 주거지를 옮겼다. 연청 활동, 사업, 국회 보좌관 생활 등으로 30대를 보냈다. 그리고 2008년 18대 총선에서 광주 광산을 지역에 출마를 준비하였다. 젊은 시절에 국회의원이 되어 사회를 바꿔보겠다는 꿈을 버릴 수는 없었다. 광산구는 인구가 늘어 분구가 확실한 지역이었기 때문에 해볼 만한 곳이라고 판단했다. 이용섭, 민형배 선배들과 각축전을 벌였다. 그러나 아쉽게도 경선에서 또 다시 실패하고 말았다. 당시 광주의 총선은 경선이 본선이었다.

2008년에 두 번째 실패했을 때는 4월 봄볕이 왜 그리도 싫은지 정말로 잔인한 4월과 5월을 보내야 했다. 그만큼 낙천, 낙선의 후유증이 컸다. 그리고 4년 후 2012년 19대 총선은 고향 지역구에서 출마했고 당선이라는 행운을 얻었다. 당초에는 출마 생각을 하지 않았다. 당시 광주테크노파크 기업지원 단장직에 임명되어 기업지원 활동을 열심히 하고 있었던 터라 총선 출마는 안중에도 없었다. 그런데 기회가 갑자기 찾아온 것이다. 총선을 4개월 앞두고 우연히 고향 지역구의 박상천 대표를 다른 일로 찾아가 뵈었는데 나에게 고향 출마를 권유하였다.

"내가 출마할 확률이 20%, 불출마할 확률이 80%인데, 김 단장이 나 대신 출마하면 자신 있는가?"라고 나의 의향을 확실하게 물었다. 지금 생각해보면 5선 국회의원을 지내셨던 박상천 대표는 불출마로 정계은퇴를 하는 상황이 오면 지역구를 잘 물려주고 싶은 생각을 갖고 계셨던 것이었다.

나는 박상천 의원의 국회 보좌관 생활을 1년 정도 했다. 그 시기는 새천년민주당이 열린우리당과 분당 과정 등을 거치는 상황이었고 박상천 대표가 정치적으로 어려웠던 시기였다. 당시 고흥에는 박상천 대표가 정치일선에서 물러나면 그 뒤를 이어 지역에서 정치하려는 지역 선후배들이 많았다.

나는 1년여 짧은 기간 동안 박 대표님의 국회 보좌관으로 같이 일하면서 또 그 이후 각종 선거를 도우면서 소통을 자주 하는 사이가 되었지만 부족한 나에게 지역구를 물려주실 거라는 생각은 미처 해보지 못했다. 박상천 대표는 돌아가시기 전 전남대 총학생회장 출신인 내가 17대 총선에서 386세대들이 열린우리당으로 대거 국회에 진출할 때 그들과 함께 출마하지 않고 보좌관으로서 자신과 함께 민주당에 남았던 것에 대한 미안한 마음을 항상 갖고 계셨다고 하셨다.

나는 고향 고흥에서 운 좋게 박상천 대표의 도움과 당시 박병종 고흥 군수의 조직에 힘입어 장성민 선배와의 경쟁에서 이겨 19대 총선 후보로 민주당 공천을 받아 삼수만에 국회의원에 당선되었다.

한정애

박

金承南

김윤덕

실패하는 것도,
참아내는 것도 정치

    그동안 정치권에 몸담으면서 정치하려는 분들을 직간접적으로 많이 만났다. 특히 선거에 출마하고자 하는 분들이 찾아와 자신의 출마 문제를 상의하거나 말할 때가 있다. 나는 그때마다 출마하는 것은 본인의 자유지만 그 결과에 대한 책임 또한 본인에게 100% 있다는 것을 명심하라고 말한다.

    만일 선거에 실패한 후, 남을 탓한다면 주변 사람들과 관계를 이어가는 것이 힘들어질 수도 있다. 또 그로 인해 재기하지 못하고 끝이 나는 경우가 허다하다. 선거라는 것은 결코 자신의 의지만으로 되는 것이 아니다. 선거에서 당락은 유권자의 표심에 의해서 결정 나기 때문이다. 선거

구도를 만들어 내고, 홍보를 잘하고, 조직을 잘 구축하는 것이 모두 중요한 선거운동 과정이다. 그러나 선거에는 명분이나 그 지역의 민심의 흐름과 여론의 큰 물줄기가 있다는 것을 반드시 알아야 한다. 가장 중요한 것은 유권자들의 마음이다. 그들이 출마자에 대해 자신들의 대표자로 여기고 있는가, 또 얼마나 신뢰하고 있느냐 하는 것이다.

또, 한 번 당선되었다고 하더라도 유권자들이 계속 지지해 주지 않는다는 것이다. 지방선거를 일곱 차례나 치르면서 느낀 것은 특히 시장·군수 선거를 치를 때 지역유권자의 표심은 깜짝 놀랄만한 결과가 나올 때가 많다는 거다. 공통된 흐름 중 하나는 시장·군수 3선을 허용하지 않으려는 경향이 있다는 점이다. 유권자들은 재선이면 8년인데 그 기간이면 지역발전에 대한 단체장의 아이디어나 역량을 충분히 쏟아부을 수 있는 기간이었다고 생각하는 것이다.

또 하나의 흐름은 충분히 검증이 되지 않은 정치인이나 공직생활을 경험한 공무원 출신이라 할지라도 특별한 경우가 아니면 단번에 당선시켜주지 않는다는 것이다. 오히려 낙선되고 난 이후를 유권자들은 유심히 관찰하고 있다. 이처럼 요즘 유권자들의 민도랄까 정치적 판단 수준이 높아졌다고 봐야 할 것이다. 때문에 선거에 출마하려는 예비 정치 지망생들은 봉사자로서의 단단한 각오와 정치철학을 가져야 하고 실패했을 때 어떻게 할 것인가에 대한 준비를 철저히 해두지 않으면 안 된다고 생각한다.

내가 아는 아무개 군수도 과거에는 단번에 군수직에 도전하고 만약 떨어지면 정치를 하지 않겠다고 했다. 하지만 지금은 한 번 실패하고 재도전한 결과 군수가 되었다. 정치를 하다 보면 당장은 손해 보는 것처럼 보이지만 나중에는 그 손해가 큰 득이 되는 경우가 허다하다.

내가 가까이서 지켜봤던 김대중 대통령과 이인제 경기지사의 정치적 아이러니가 그렇다. 1995년 영국 생활을 정리하고 국내로 돌아온 DJ 총재는 대전일보와 인터뷰를 갖는다. '내가 정치를 다시 하게 된다면 지금의 민주당으로 하지 않을 것'이라는 내용이 주였다.

그때부터 DJ는 이른바 내각제를 매개로 DJP 연합을 치밀하게 구상하여 정계에 복귀하자마자 새정치국민회의를 만들고 JP-자민련과 연정 구상에 돌입하게 된다. 분당의 외형적 계기는 1995년 지방선거 공천 과정이었다. 당시 DJ는 서울시장 자리에 일찌감치 조순 한국은행 총재를 공천하기로 했다. 문제는 경기지사 공천인데 DJ는 이종찬 씨를,

KT(이기택)는 고려대 후배 장경우 씨를 공천해야 한다고 언론에 흘렸다. 이종찬 씨와 장경우 씨는 구여권 인사로 반YS노선을 걸으면서 통합민주당으로 합류했으며 서로 호형호제하는 각별한 정치적 동지였다.

이종찬 씨는 민주당에서 경기지사 후보를 추대해주면 몰라도 장경우 씨와 경선은 하지 않겠다는 입장이었다. 결국 장경우 씨가 경선을 끝까지 요구하자 이종찬 씨는 불출마를 선언하였고 동교동 측에서는 차선책으로 부천 출신 안동선 씨를 후보로 내세워 경선을 하였다. 그런데 경선 과정에서 돈 봉투 사건이 터지면서 민주당 경선이 퇴색되고 말았다. 우여곡절 끝에 장경우 씨가 대의원 선거 개표 결과 3표 차로 후보가 되긴 했으나 경선에서 치명상을 입은 장경우 씨는 경기도지사 본선에서 이인제 신한국당 후보에게 큰 표 차로 패배하고 말았다. 이후 이인제는 YS가 말한, 일약 깜짝 놀랄만한 대선후보가 되었다.

결국 동교동과 북아현동 간 감정의 골은 그때부터 깊어지고 결국 분당으로 결말이 나고 말았다. 통합민주당은 다시 꼬마민주당으로 전락하였다. 이기택 대표를 비롯해 노무현, 이부영, 김원기, 박계동, 제정구, 이철, 김정길, 김부겸 등이 민주당에 남아 15대 총선을 치르게 된다.

지금 생각해보면 정치는 가끔 정말 알 수 없는 결과를 만들어 내곤 한다. 만약 DJ가 자신이 원하는 대로 이종찬 씨를 경기지사에 공천해 신한국당 이인제 후보를 꺾었다면 과연 이인제 경기지사가 나중에 여권의 대선후보로 나올 수 있었을까? 아이러니하게도 이인제는 나중에 제3후보로 대선에 출마하여 김대중 대통령이 당선되게 하는 데 결정적인 역할을 하게 된다. 실패의 결과가 그대로 끝나지 않고 다시 살아 성공의 결과를 만들어낸 역사적 사건이다. 그래서 정치는 살아 움직이는 생물이라고 했던가.

민주당 대표비서 시절, 당지도부와 당직자들과 함께
(가운데 줄 네 번째)

테크노파크(TECHNOPARK)에서 기업을 지원

    문재인 정부 출범 이후 두드러진 특징 중 하나는 국정환경이 변화했다는 점이다. 박근혜 정부가 주장했던 창조경제 슬로건은 혁신성장으로 바뀌었고, 균형발전위원회의 권한을 강화함으로써 지방분권 시대를 조성하고 있다. 또 4차 산업혁명위원회의 신설을 통한 4차 산업혁명, 일자리위원회를 신설함으로써 일자리 정부라는 어젠다를 새롭게 했다. 여기에 기존 산업부의 지역산업육성 기능을 중소벤처기업부로 이관하고 중소기업 기술혁신의 거점기관으로서 각 지역의 테크노파크(TP)의 기능을 강화했다.

    나와 테크노파크는 인연이 좀 있다. 2011년 초에 기업지원단장으로 취임하면서부터다. 그때 담당했던 광주테크노파크는 1999년 2월 개원한 이래 수많은 창업기업을 입주시켜 보육 과정을 거쳐 인근 산업단지로 배출시켰다. 본디 테크노파크에 입주하거나 지원을 받은 창업 기업들은 대부분 심사를 거쳐 5~7년 동안 테크노파크 내 공장에 자리를 잡고 R&D, 마케팅, 기술이전, 인력양성, 수출지원 등 보육 과정을 거치게 된다. 이후 일정 기간이 지나면 졸업하고 기업을 이전해 중소기업으로 성장해나간다.

하지만 테크노파크를 졸업한 기업 중에는 자생력을 잃어 실패하는 기업도 많다. 물론 기업지원 업무는 테크노파크 입주기업에 한정하지 않고 졸업기업을 포함하여 광주지역의 첨단산업단지, 하남공단, 평동산단에 있는 중소기업들도 대상이 되었다. 이처럼 테크노파크는 '지역기술혁신과 일자리 창출의 산실'이라는 미션을 달성하기 위해, 지자체와 함께 지역의 미래가치 산업을 기획하고, 기업을 성장시키며, 일자리를 창출하는 거버넌스 역할을 하는 곳이다.

나는 총선 출마로 기업지원단장 역할을 오래하지는 못했지만 기업과 교감하는 Total 기업지원시스템을 정착시키겠다는 자세로 항상 임했다. 그래서 기업이 요구하기 전에 그들이 원하는 서비스를 먼저 제공하는 시스템을 갖추는 것이 기업지원의 기본이라고 생각하고 실행했다. 기업지원단의 주된 업무는 이처럼 지역 거점기능 역할을 수행하는 플랫폼 기능과 기업지원 서비스 기능이었다.

예를 들어 찾아가는 기업지원 서비스를 위해 관내기업 중 광주테크노파크와 교류가 활발하지 못했던 기업 등을 직접 방문해 애로사항과 건의 사항을 청취하고 해결하는 역할을 수행하기도 했다. 애로사항 해결의 대표적 사례를 살펴보자면, 당시 관내에 표면처리, 소성가공, 주조, 열처리 등 관련 기업이 많이 있음에도 후방산업의 지원이 없어 관련 부품 대부분을 수도권에서 수급 받고 있는 상황이었다. 또 플라스틱 금형 기술 인력을 양성해 달라는 등의 지원요청이 쇄도하였다. 이러한 현실이 지역산업의 기반 약화로 이어질 수 있다는 위기감에서 '제조기반 기술산업의 경쟁력 강화 사업'을 추진하였다. 이것이 현재 광주 뿌리산업의 근간이 됐다.

또한 광주 소재 대기업과 중소기업 간 부품 소재 납품 등 전반적인 산업협력 계기를 마련하고자 '대·중소기업 부품 조달 페어'의 장을 만들어내기도 하였다. 기업CEO 간 모임인 '인세오' 클럽 운영 및 소그룹별 모임을 통해 지역 전략산업의 발전과 광주테크노파크 입주 기업 간 결집력을 강화시켰다. 그 결과 2011년 그 당시 지역 스타 기업으로 표창했던 ㈜오이솔루션은 현재 시가총액 4,200억 원이 넘는 중견기업으로 성장했다.

기업지원 활동에서 무엇보다 중요한 것은 네트워킹이었다. 지역 내 유관기관, 대학, 기업 등 혁신 주체들 간 원활한 소통능력이 기업지원의 시작이며, 이로 인해 업무성과를 배가할 수 있었다. 아쉬움이 있었다면 좋은 기술을 갖고 있는 기업에 선택과 집중을 할 수 있는 시스템 그리고 이를 면밀히 평가하고 실행할 전문가가 부족했다는 점이다.

나는 기업지원단장으로 일하는 동안 우리 사회에서 기업의 역할이 얼마나 중요한지 깨달았다. 새로운 일자리가 더 이상 늘지 않고 갈수록 줄어드는 최근 경제상황에서 '대한민국에서 기업을 통해 새로운 일자리를 만들어내는 사람들이야말로 애국자다'라고 생각하게 된 것이다. 물론 일부에서는 아직도 기업을 자신과 친인척들의 사욕을 충족시키는 수단으로 여기는 기업인들도 여전히 있다. 그러나 대다수 기업인들은 기업가 정신에 입각하여 사명감을 갖고, 노동자들을 중시하면서 노사가 잘 타협하여 상생하기를 기대하며 그런 방향으로 기업을 끌어가려고 힘쓴다.

물론 그동안 급속한 경제성장 과정에서 수많은 노동자들이 희생되어왔다. 1987년 이후 노조 활동이 활성화되면서 큰 틀의 대타협 없이 노사 간 갈등과 타협을 반복하면서 오늘에 이르렀다. 그 결과 노동시장의 많은 변화를 이끌어 낼 수 있었지만 한편으로는 노조가 기득권화 권력화되었다는 비판이 있는 것도 부인할 수 없는 사실이다.

　이제 민노총 등 각 노조들도 스웨덴의 노사 대타협의 협약인 '살트셰바덴 협약'처럼 노사정 대타협을 통해 서로 갈등관계를 청산하고 한국적 상생복지 모델을 만들어나가는 길을 모색할 때가 되었다고 생각한다. 무엇보다 대기업 등이 더 적극적으로 나서야 한다. 갈수록 소득의 양극화가 심화된다면 대기업을 포함한 경제주체 모두가 공멸의 길로 갈 수 있다는 것을 직시해야 할 것이다.

　마침 우리 지역에서 선도적으로 광주형 일자리가 만들어져 과거의 틀을 깨고 새로운 길을 가고 있다. 모두가 함께 번영의 길을 가기 위해서는 반드시 노사 상호간 대승적 차원에서 대타협의 공동체 시대를 만들어나가야 할 것이다.

전남은 생명의 땅이자, 기회의 땅!

농어촌을 다시 젊고 힘 있게!

자연은 인간이 태어난 곳이고 또 인간이 돌아가야 할 곳입니다. 그런 자연과 가장 밀접한 곳이 바로 우리의 농어촌입니다. 즉 농어촌은 우리의 아버지이자 어머니인 것이지요.

하지만 인간은 늘 같은 실수를 합니다. 소중하고 귀한 것을 알면서도 사는 게 바빠서 돌아보질 않지요. 그러다 보니 결국 우리가 되돌아가야 할 또는 우리가 생존하는데 버팀목이 되는 농어촌은 늙고 쇠약해져 버렸습니다. 전남이 그러했습니다.

더는 이대로 두어선 안 됩니다. 이제 우리가 손을 내밀어야 할 시간입니다. 대한민국의 농어촌을 다시금 젊고 힘 있게 만들어야 합니다. 대한민국의 전남을, 우리의 뿌리를 다시금 단단히 지켜내야 합니다.

이 책을 쓰는 동안 WTO의 개발도상국 지위를 포기한다는 정부의 발표가 있었습니다. 우리나라는 OECD(경제협력개발기구) 가입국이면서도 농업분야 만큼은 예외적으로 개발도상국 우대 혜택을 받아온 것이 사실입니다.

엎친 데 덮친 격입니다. 정부는 당장 큰 변화가 없다고는 하지만 쌀 등 기초농산물에 관세장벽이 무너진다면 우리 농업의 경쟁력과 농가소득은 또 한 번 타격을 입게 됩니다. 이번에도 정부는 미국의 수입자동차 등에 대한 관세부과 위협, 방위비 분담금 증액요구 등의 미봉책으로 농업을 희생하는 안을 선택했습니다.

우리는 이제라도 국가 위상에 걸맞은 농업에 대한 보호 및 육성책을 마련해 나가야 합니다. 첫째는 농업자치 실현을 위해 예산과 권한을 지방으로 이양하여 농정분권을 추진해야 합니다. 지역 특성에 맞는 지역 로컬푸드 정책과 농어민수당 지급, 농산물 최저가격보장제 등을 추진할 수 있도록 지원해야 합니다. 둘째, 농어업예산을 국가 총예산의 5% 이상 확대하여, 농어업경쟁력의 핵심인 인력양성과 연구개발에 투자해야 합니다. 셋째, WTO 제재와 관계없는 공익형 직불제 등 소득안정 정책예산을 대폭 증액하여 도농 간 소득격차를 줄여나가야 합니다. 넷째, 4차 산업 기술을 접목한 농기계화, 자동화 농업을 통해 고령화 및 노동력 부족 문제를 해결하고, 신규인력을 창출할 수 있도록 기반을 마련해야 합니다. 다섯째, 농생명의 기반인 종자, 종묘, 종축 산업을 집중 육성하여 생산부터 유통까지 이어지는 가치사슬을 구축해야 합니다.

우리 지역은 대한민국의 뿌리

1971년 노벨경제학상을 수상한 사이먼 쿠즈네츠는 "농업·농촌의 발전 없이는 선진국이 될 수 없다."고 했습니다. 한편 지난 11월25일 부산 벡스코에서 열린 '한·아세안 CEO 서밋'에서 세계 3대 투자가인 짐 로저스는 "드라마틱한 변화가 일어나는 아시아에서 한국은 앞으로 가장 흥미로운 국가가 될 것이다."라고 말했습니다. 각각 농업·농촌의 중요성과 빛나는 코리아를 기대하게 하는 발언이라고 생각합니다.

흔히들 전남을 생명의 땅이자, 기회의 땅이라고 합니다.

맞습니다. 기름진 평야와 풍부한 어족의 보고 전라남도는 대한민국의 뿌리로서 영양분을 공급할 수 있는 곳입니다. 이런 우리 지역에 누군가는 뿌리를 더 깊이 내리게 하는 일을 묵묵히, 고집스럽게 해내야 합니다. 그 자리에 우리 농민과 어민이 있고 아버지와 어머니가 있으며, 뿌리가 있고 미래가 있기 때문입니다.

급변하는 세상 속 전남의 변화 속도를 가늠해봅니다. 이제 저는 그 뿌리를 더 깊이 내리는 일에 전부를 걸어보고자 합니다. 그리하여 전남의 백년지대계가 갈급한 지금, 생각을 실천하는 일만 남은 세밑에서 저의 다짐을 이렇게 《행복한 전남, 빛나는 코리아》라는 한 권의 책으로 엮어 여러분들께 전해 드립니다.

농어촌은 우리의 아버지이자 어머니입니다
대한민국의 전남을, 우리의 뿌리를
다시 단단히 지켜내야 합니다

Happy

Bright

eonnam

Korea

행복한 전남,
빛나는 코리아